Zucker
IS(S) NICHT!

Inhalt

Vorwort 8

KNACKIG SÜßE FAKTEN — 12

Andrea und der Zucker 18

Wenn Zucker auf den Körper trifft 24
Fragen an den Facharzt für Innere Medizin Dr. Max Timm

Alles über Zucker 30
Fragen an die Ernährungswissenschaftlerin Dr. Brigitte Bäuerlein

MIND-SET-UP — 44

Bevor es losgeht 46

Darum ist aller Anfang schwer 49

Dein persönlicher „Zuckerfrei"-Plan 51

So wirst Du es schaffen! 55

DIE 90-TAGE-CHALLENGE — 64

Es kann losgehen! 66
*Tag 1–4 · Tag 5–10 · Tag 10–14 · Woche 3 · Woche 4 ·
Monat 2 · Monat 3*

Und was kommt danach? 74

Zuckerfrei im Alltag 78

Andrea Ballschuh
mit Fabienne Bill

Zucker IS(S) NICHT!

Unsere 90-Tage-Challenge
mit 66 genialen Rezepten
ohne Industriezucker

BOOKS4SUCCESS

Copyright 2018:
© Börsenmedien AG, Kulmbach

7. Auflage 2023

Fotos der Autorinnen: Tom Lanzrath
Rezeptfotos: Sergej Preis
Foodstyling: Florian Ballschuh
Sonstige Fotos und Illustrationen: Shutterstock

Gestaltung, Satz und Herstellung: Johanna Wack
Lektorat: Hildegard Brendel, Petra Teetz, Karla Seedorf
Druck: Florjančič Tisk d.o.o., Slowenien

ISBN 978-3-86470-546-5

Alle Rechte der Verbreitung, auch die des auszugsweisen Nachdrucks,
der fotomechanischen Wiedergabe und der Verwertung durch Datenbanken
oder ähnliche Einrichtungen vorbehalten.

Bibliografische Information der Deutschen Nationalbibliothek:
Die Deutsche Nationalbibliothek verzeichnet diese Publikation in der
Deutschen Nationalbibliografie; detaillierte bibliografische Daten
sind im Internet über <http://dnb.d-nb.de> abrufbar.

Postfach 1449 • 95305 Kulmbach
Tel: +49 9221 9051-0 • Fax: +49 9221 9051-4444
E-Mail: buecher@boersenmedien.de
www.books4success.de
www.facebook.com/books4success

EINFACH – LECKER – SÜSS: *66 leckere Rezepte* — 80

Himmlisch frühstücken 82
Brot und Aufstrich 100
Dressings und Soßen 118
Knabberkram 126
Kuchen, Muffins, Kekse 138
Desserts und Eis 160
Getränke und Smoothies 174

AUF EINEN BLICK: *Checklisten* — 188

Rezeptverzeichnis 204
Danksagung 206
Über die Autorinnen 207

Vorwort

Kennst Du das? Du sitzt abends auf dem Sofa und plötzlich kommt dieser Heißhunger auf Süßes in Dir hoch. Entweder begibst Du Dich wie ein Roboter sofort in die Küche, wo der Vorrat schon wartet, oder Du führst erst noch innere Diskussionen, weil Du eigentlich weißt, dass es nicht gut für Dich ist, diesem Verlangen nachzugeben. Wäre es nicht toll, dieses Verlangen zu minimieren, wenn nicht sogar ganz abzustellen?

Wir – das sind Andrea Ballschuh, TV- und Radiomoderatorin, und Fabienne Bill, Mental Coach – wollen Dir mit diesem Buch genau das geben:

Wir wollen Dich dabei begleiten, diese Suchtimpulse Stück für Stück abzubauen, was Dir ermöglicht, ganz bewusste Entscheidungen zu treffen. Entscheidungen, die Dir und Deinem Körper langfristig guttun und Dich stärken.

Wir möchten mit diesem Buch erreichen, dass Du Dich innerhalb von 90 Tagen von der Zuckersucht befreist, um in der Lage zu sein, den Zuckerkonsum in Zukunft niedrig zu halten. Denn wir beide kennen dieses Gefühl des unkontrollierbaren Heißhungers. Deshalb haben wir uns selbst der Herausforderung gestellt und haben 90 Tage auf Zucker verzichtet. Es gab Höhen und Tiefen.

Wir wollen Dir wie ein Coach zur Seite stehen, wenn Du diesen Weg der Entwöhnung und Veränderung gehst, ohne dass Du Dich gleich wie angekettet fühlst. Denn in diesem Buch bist Du Chef oder Chefin! Du triffst die Entscheidungen, weil Du Dich am besten kennst. Mit diesem Buch lernst Du, Dir und Deinen Entscheidungen wieder mehr zu vertrauen.

Doch um entscheiden zu können, ist es wichtig, sich erst einmal über den Ist-Zustand bewusst zu werden, zum einen, was Deine Gewohnheiten angeht, aber zum anderen auch, um ein fundiertes Fachwissen zu bekommen. Genau das bekommst Du von uns!

Dies ist kein Diätbuch. Und kein Kochbuch.

ES IST EIN BUCH ÜBER EIN EXPERIMENT.

Eine Challenge, der Du Dich freiwillig stellst. 90 Tage ohne Zucker.

UND ES GEHT UNS AUCH NICHT DARUM,

Dich hier davon zu überzeugen,

FÜR DEN REST DEINES LEBENS AUF ZUCKER ZU VERZICHTEN.

Für einige wenige Menschen mag das ein Ziel sein, aber für viele – auch für uns – ist es unrealistisch. Und wir sehen es auch nicht als notwendig an. Wie es unsere Experten in Kapitel 1 ebenfalls erklären, ist Zucker ja nicht per se schlecht. Die Menge macht den Unterschied und ZU VIEL Zucker macht uns auf Dauer schlaff, antriebslos, müde, depressiv und krank. Zucker kann zu schlechter Haut, mehr Falten, zu Schlafstörungen und Magen- und Darmproblemen führen, Blähungen verursachen. Zu viel Zucker macht übergewichtig, zersetzt unsere Zähne und kann den gefährlichen Typ-2-Diabetes auslösen. Die Spätfolgen der Stoffwechselkrankheit reichen bis zu Sehstörungen und dem Verlust von Gliedmaßen. Studien zeigen: Zu viel Zucker schädigt auch das Herz und lässt das Gehirn schrumpfen. Und Krebszellen brauchen viel Zucker für ihren Tempostoffwechsel. Möglicherweise profitieren sie also von einer allzu zuckerlastigen Ernährung.

Wie sich der Zuckerkonsum auf unseren Körper auswirkt, erklärt Max Timm, Facharzt für Innere Medizin, ab Seite 25.

Wir essen insgesamt 36 kg Zucker pro Kopf und Jahr. Jeden Tag konsumieren wir im Schnitt 33 Stück Würfelzucker (rund 100 Gramm – das ist eine Kaffeetasse voll). Die Weltgesundheitsorganisation (WHO) empfiehlt nur 25 Gramm – also circa acht Stück Würfelzucker. Wir essen also mehr als viermal so viel wie angeraten! Alles wird „genießbarer", wenn man genug Zucker darüber streut. Die Lebensmittelindustrie nutzt diese Erkenntnis zu ihrem Vorteil. Überall wird Zucker versteckt, auch BIO ist kein Garant für zuckerfrei.

Eine Studie der Universität Hohenheim hat Müslis und Frühstücksflocken für Kinder geprüft, allesamt mit Bio-Siegel versehen. Pro 100 Gramm fanden die Forscher im Durchschnitt 22,5 Gramm Zucker. Damit bekommt ein Kind beim Frühstück schon fast so viel Zucker, wie die Weltgesundheitsorganisation für einen ganzen Tag empfiehlt – und das für Erwachsene.

Dies war mit ein Grund, warum Fabienne in Zuckerstreik gegangen ist. Sie war wütend, wie sehr wir dem ausgeliefert sind, und wollte sehen, dass es auch ohne geht! Andrea konnte an keiner Süßigkeit vorbeigehen und fühlte sich dem Zuckerverlangen fast hilflos ausgeliefert.

Wir waren wirklich süchtig nach Zucker.

Der Jieper war für lange Zeit ein treuer Begleiter. Sobald wir ihn nicht mit Schokolade oder Cola befriedigen konnten, wurden wir sehr unruhig, stellenweise sogar gereizt. Wie ein Drogensüchtiger auf Entzug. Jede von uns hatte ihren Aha-Moment, der letztendlich dazu führte, dass wir vor zwei Jahren der Einladung einer Freundin zur „90 Tage ohne Zucker"-Challenge folgten.

Denn trotz der guten Ratschläge und den Versprechen einiger Bücher zu dem Thema, in 30 oder 40 Tagen von der Zuckersucht loszukommen, fühlte sich der Zeitraum von 90 Tagen für uns besser an.

Wir hatten den Eindruck, so festgefahrene Verhaltensmuster, wie wir sie ausgebildet hatten, brauchen länger, bis sie sich dauerhaft ändern. Und wir wollten die neu erlangten Gewohnheiten auf jeden Fall festigen.

Wir haben die Erfahrung gemacht, dass es erst nach 90 Tagen wirklich „klick" macht. Wir beide stellen uns der „90 Tage zuckerfrei"-Challenge jedes Jahr ab 1.1. Beim ersten Mal fiel es uns noch etwas schwerer. Aber schon die zweite Challenge war fast ein Kinderspiel.

Denn nun wussten wir schon viel mehr über Zucker und einige Gewohnheiten hatten sich bereits geändert. Auch fiel es uns leichter, nicht mehr auf die Versprechen der Lebensmittelindustrie reinzufallen. Wir hatten gelernt, Zutatenlisten noch genauer zu lesen.

Damit Du gleich voll im Bilde bist, haben wir Dir ab Seite 189 eine Übersicht mit den besten Tipps zusammengestellt. Außerdem nimmt sich unsere Ernährungsexpertin Dr. Brigitte Bäuerlein ab Seite 31 mit spielerischer Leichtigkeit dieses komplexen Themas an.

90 Tage ohne Zucker zu leben heißt sicherlich nicht, auf leckere Kuchen oder Knabberzeug zu verzichten. Im Gegenteil, unser Koch Florian Ballschuh hat 66 Rezepte für süße Speisen zusammengestellt, die Naschen ohne schlechtes Gewissen möglich machen. In Kapitel 3 findest Du Rezepte für leckere Müslis, Aufstriche und Desserts.

Glaub uns, Du wirst Deine Gäste begeistern, wenn Du sie mit diesen Köstlichkeiten verwöhnst, und gleichzeitig in überraschte Gesichter schauen, wenn Du ihnen verkündest, dass sie gerade zuckerfrei genießen!

ES GIBT EINEN GRUND,
dass Du dieses Buch in der Hand hältst.

Du bist auf der Suche. Vielleicht findest Du hier die Antwort auf die Frage nach einem „Leben ohne Zucker" oder einen Weg, einfach mal „etwas anders zu machen".

Du bekommst von uns alles, was Du brauchst, um durch die nächsten 90 Tage ohne Zucker zu kommen. Und das kann für Dich schon bedeuten, einfach morgens ohne Nutella den Tag zu überstehen. Oder Du gehst wie wir die letzten zwei Jahre „all in", indem Du sowohl auf raffinierten Zucker als auch auf Weißmehl verzichtest. Vielleicht bist Du auch aus gesundheitlichen Gründen gezwungen, diese Veränderung in Deinem Leben anzugehen. Hier wirst Du fachmännisch unterstützt dabei.

Egal was der Grund ist: Du wirst merken, welche Herausforderung es ist, seine Gewohnheiten zu ändern. Du wirst Dich dabei ertappen, wie Du nach Ausreden suchst, doch einmal zu „naschen". Du wirst merken, wie Dein Körper reagiert, wenn Du ihm etwas, was für ihn zum Tagesablauf gehört hat, auf einmal nicht mehr zuführst. Wie hart es ist, den Jieper auszuhalten.

Und Du wirst lernen, Dich genau in diesem Moment mit diesen Gedanken und Gelüsten anzunehmen, aber nicht mehr das gedankliche Drama darum zu stricken.

In diesem Buch hast Du mit Fabienne Bill Deinen ganz persönlichen Mental Coach an Deiner Seite. In Kapitel 2 zeigt sie Dir die wichtigsten Schritte, damit die von Dir gewünschten Veränderungen auch langfristig in Deinem Leben bleiben. Die bewährten Übungen hat sie bereits mit hunderten von Menschen in ihren Einzelcoachings und Seminaren gemacht. Und sie wirken.

Kapitel 4 ist gespickt mit Checklisten und Notfallplänen für diese Zeit. Wir haben Dir alles auf einen Blick zusammengestellt, was wir damals auf jeden Fall gebraucht hätten.

Außerdem hast Du während der gesamten Zeit Zugriff auf die geschlossene Facebook-Gruppe „Zucker is(s) nicht!". Dort wirst Du unterstützt und angefeuert und erhältst zusätzliche Tipps, die Dir diese Zeit im wahrsten Sinne des Wortes versüßen!

Ach, und noch eine Sache: Nach reiflicher Überlegung haben wir uns entschieden, in der Du-Form zu schreiben. Das meinen wir nicht despektierlich. Denn schließlich kennen wir uns nicht. Wir sind nur der festen Überzeugung, dass ein „Sie" zu viel Distanz bei so einem wichtigen Thema aufbaut.

Wir wünschen Dir viel Spaß auf dieser Reise. Denn neben den neuen Gewohnheiten wirst Du viel über Dich selbst entdecken und die Möglichkeit haben, zu reflektieren.

AUF JEDEN FALL
wird sie Dein Leben positiv verändern!

knackig süße FAKTEN

Zucker

UND SEINE AUSWIRKUNGEN AUF UNSEREN KÖRPER

Löst **HEISSHUNGERATTACKEN** aus

Macht müde, launisch, träge und unkonzentriert

Betäubt die Geschmacksnerven

Lässt die **HAUT ALTERN**

Kann zu Typ-2-Diabetes führen

Verursacht Entzündungsprozesse im Körper

Führt zu **KARIES**

Lässt uns **SCHLECHTER SCHLAFEN**

Hat negativen Einfluss auf die Cholesterinwerte

Kann langfristig zu einer **FETTLEBER** führen

Verursacht **VERDAUUNGSBESCHWERDEN UND BLÄHUNGEN**

Zucker aktiviert im Gehirn die gleichen Suchtzentren wie Alkohol und Drogen

ZUCKER – EINE SUCHT, die Hunger macht, aber nicht satt.

Beim Verzehr von Fruktose setzt der Körper keine Sättigungshormone frei.
Das verstärkt die Lust auf Essen.

Je mehr Zucker wir essen, desto schneller haben wir wieder Hunger.
Grund: das schnelle Absinken des Blutzuckerspiegels.

Die Weltgesundheitsorganisation (WHO) empfiehlt nicht mehr als 25 g Zucker pro Tag.
Im Durchschnitt nehmen wir viermal so viel zu uns: 100 g.

Zucker IM SUPERMARKT

ZUCKER HAT VIELE IDENTITÄTEN
und ist nicht immer gleich als solcher in der Zutatenliste erkennbar.

Zucker ist in fast allen industriell hergestellten Lebensmitteln – von Fleischsalat und Fertigpizza bis zu Joghurt und Leberwurst.

VORSICHT BEI LIGHT-PRODUKTEN!
Der fehlende Geschmack durch das reduzierte Fett wird oft durch Zucker ersetzt.

Achtung! Viele Produkte, auf denen „zuckerfrei" steht, enthalten Zucker, nur unter einem anderen Namen.

ES GIBT 70 VERSCHIEDENE BEZEICHNUNGEN FÜR ZUCKER.

Manche „zuckerfreien" Schokoladen enthalten Agavensirup, der bis zu 90 Prozent aus Fruktose besteht.

Wichtige Faustregel:
JE WEITER VORNE ZUCKERBEGRIFFE IN DER ZUTATENLISTE STEHEN, DESTO HÖHER IST DER ZUCKERGEHALT!

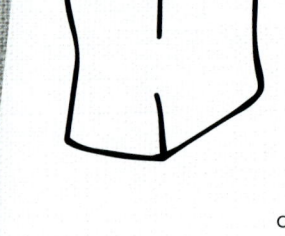

Immer bedenken:
Hersteller sind nicht verpflichtet, die verwendete Menge der einzelnen Zuckerarten anzugeben. Manchmal werden auch verschiedene Zuckerarten auf die Zutatenliste verteilt, dann lässt sich die Zuckermenge nur schwer einschätzen.

KNACKIG SÜSSE FAKTEN

LEBENSMITTEL „OHNE ZUCKER" ENTHALTEN DOCH OFT ZUCKER.

Das bedeuten die Angaben der Lebensmittelhersteller:

ZUCKERARM

Höchstens 5 g Zucker pro 100 g feste Lebensmittel.

Höchstens 2,5 g Zucker pro 100 ml flüssige Lebensmittel.

ZUCKERFREI

Höchstens 0,5 g Zucker pro 100 g bzw. 100 ml Lebensmittel.

OHNE ZUCKERZUSATZ

Keine zugesetzten Mono- und Disaccharide (Einfach- und Doppelzucker) enthalten.

Enthält keine wegen ihrer süßenden Wirkung verwendeten Lebensmittel wie Honig, Sirup oder Dicksäfte.

Enthält das Lebensmittel von Natur aus Zucker, sollte das Etikett darauf hinweisen: **„Enthält von Natur aus Zucker."**

KNACKIG SÜSSE FAKTEN

DAS PROBLEM MIT DER
Fruktose

Fruktose geht in die Leber. Wird zu schnell zu viel Fruktose verzehrt, ist die Leber mit dem Tempo und der Menge überfordert und wandelt einen Großteil des Zuckers in Fett um. Das kann auf Dauer eine Insulinresistenz zur Folge haben, eine Vorbotin von Typ-2-Diabetes.

ACHTUNG! Industriell hergestellter isolierter Fruchtzucker oder Sirup (=HFCS, Maissirup, Isoglukose) ist gefährlicher als Zucker. Zu viel Fruktose führt dazu, dass das Sättigungshormon Leptin nicht mehr ausgeschüttet wird. Dadurch essen wir immer mehr.
Fruktose wird vom Körper sehr viel schneller in Fett umgewandelt als Glukose. Es kommt zu Leberverfettung, Fettleibigkeit, Insulinresistenzen, Typ-2-Diabetes und Bluthochdruck. Auch der Dünndarm ist mit zu viel Fruktose schnell überfordert.

Fruktose aus Obst ist in Verbindung mit Ballast- und Nährstoffen unbedenklich, wenn nicht mehr als zwei Portionen am Tag gegessen werden.

Am besten Obst mit geringem Fruktosegehalt genießen:

GERINGER FRUKTOSEGEHALT
Blaubeeren, Himbeeren, Aprikosen, Honigmelonen, Grapefruits

MITTLERER FRUKTOSEGEHALT
Pflaumen, Nektarinen, Orangen, Stachelbeeren, Erdbeeren

HOHER FRUKTOSEGEHALT
Weintrauben, Bananen, Kirschen, Äpfel, Birnen, Kiwis

DICKMACHER FRUCHTNEKTAR
Ein Glas Obstsaft enthält genauso viel Zucker wie ein Glas Cola, nämlich 21 Gramm. Ein Apfel hat wesentlich weniger Fruktose als ein Glas Apfelsaft und macht zudem satt. Frische Früchte enthalten Vitamine, Ballaststoffe und sekundäre Pflanzenstoffe, die im Saft nur in geringer Menge vorhanden sind.

DAS PROBLEM MIT SÜSSSTOFFEN

Wer regelmäßig künstliche Süßstoffe wie Aspartam, Saccharin oder Sucralose aufnimmt kann zunehmen. Süßstoffe in Light-Produkten können Diabetes und Fettleibigkeit fördern.

FIESE *Zuckerfallen*

VERSTECKTER ZUCKER:

Zucker versteckt sich in der Zutatenliste unter anderem Namen (siehe Checkliste ab Seite 191).

FALSCHE BOTSCHAFT:

„Weniger süß" heißt nicht unbedingt weniger Zucker. Haushaltszucker wird durch weniger süßen Zucker wie Maltodextrin ersetzt. Diese Lebensmittel sind zwar weniger süß, enthalten aber genauso viel Zucker.

VON WEGEN „OHNE ZUCKER":

„Nur mit natürlicher Süße" „Ohne Zuckerzusatz" „100 Prozent Frucht" – so wird der Eindruck erweckt, dass Saft gar keinen Zucker enthält. In Dicksäften und Fruchtkonzentraten ist auch Zucker. „Ungesüßtes" Cappuccino-Pulver enthält Süßmolkepulver.

LIGHT-PRODUKTE:

„Fettarme" und „fettfreie" Lebensmittel enthalten oft zusätzlichen Zucker, damit sie besser schmecken.

„HERZHAFTER" ZUCKER:

Zucker steckt in verarbeiteter Wurst, Ketchup, Rotkohl im Glas, Fleischsalat, Krautsalat, Tütensuppen, Salatsoßen et cetera.

Andrea und der Zucker

Warum habe ich mit der „90 Tage ohne Zucker"-Challenge begonnen?

Mein Spitzname als Kind war „Fettu". Den hatte mir meine neun Jahre ältere Schwester verpasst. Schon damals habe ich sehr gern Süßes gegessen. Meine Nuss-Nougat-Creme war immer fingerdick auf meinem Brötchen. Ich war nie wirklich dick, aber auch nie wirklich schlank. Seit ich 20 bin, geht es mit meinem Gewicht regelmäßig auf und ab. Weil ich so gern esse und manchmal auch maßlos sein konnte, ging mein Gewicht immer wieder so weit rauf, dass ich einen BMI von 26,5 hatte. Ab einem BMI von 25 hat man Übergewicht, ab 30 Adipositas (Fettleibigkeit). Da ich als TV-Moderatorin vor der Kamera stehe und dadurch auch etwas eitel bin und die Fragen von Zuschauern leid war, ob ich schwanger sei, gelang es mir dann doch immer wieder, sobald die Waage 70 Kilo anzeigte (bei einer Größe von 163 cm), mit viel Disziplin acht Kilo bis zu meinem Idealgewicht von 62 Kilo abzunehmen. Es dauerte aber nicht lange, und die Kilos waren wieder drauf. Denn ich konnte nicht einfach so an einem Stück Kuchen vorbeigehen und nach jedem Mittagessen „musste" es etwas Süßes zum Nachtisch sein. Pünktlich zum Nachmittagstief gab es Süßes zum Kaffee. Und nach jedem Tanken nahm ich mir einen Schokoriegel an der Tankstelle mit. Ich hatte sowieso ständig das Gefühl, etwas essen zu wollen. Es gelang mir selten, vier bis fünf Stunden nichts zu essen und mich auf Hauptmahlzeiten zu beschränken.

Ein Routinecheck beim Arzt öffnete mir die Augen. Ich fiel aus allen Wolken, als er mir sagte, ich hätte zu hohe Cholesterinwerte und eine Fettleber.

Eine Fettleber – ich? Die so gut wie nie Alkohol trinkt? Eine Fettleber bekommen doch nur Menschen, die viel Alkohol trinken, dachte ich. Falsch gedacht.

- Zu viel Zucker hat einen negativen Einfluss auf unsere Cholesterinwerte und führt langfristig zu einer Fettleber.
- Zu viel Zucker hat einen negativen Einfluss auf den Darm, was zu Blähungen und Verdauungsstörungen führen kann.
- Zucker löst Heißhungerattacken aus. Kein Wunder also, dass ich ständig essen wollte.
- Zucker macht müde. Immer dann, wenn ich Zucker aß, hatte ich ein bis zwei Stunden später das Gefühl, nicht genug Energie zu haben. Er half mir immer für einen kurzen Moment, klarer zu denken, weil er schnell ins Gehirn geht. Also musste wieder ein Kaffee her. Und ich trank Kaffee nie, ohne etwas Süßes dazu zu essen. Das war quasi miteinander gekoppelt. Der Pawlowsche Reflex. Darauf war ich konditioniert.
- Zucker „betäubt" die Geschmacksnerven. Um überhaupt etwas zu schmecken, brauchen wir mehr Salz, Pfeffer & Co.

Erkennst Du diesen Kreislauf?

Ich war eine Gefangene meiner süßen Gelüste. Ich hatte keine Kontrolle mehr darüber. Wenn der Heißhunger auf Süßes kam, konnte ich mich nicht wehren und „musste" dem Drang nachgeben. Und ich hatte diesen Zustand so satt. Die möglichen Konsequenzen wie Schlaganfall oder Herzinfarkt machten mir Angst. Also musste ich mein Essverhalten ändern. Aber ich wusste nicht, wie mir das gelingen sollte.

An einem sonnigen Herbsttag vor zwei Jahren, wir hatten gerade einen wunderbaren Spaziergang mit Freunden genossen, erzählte mir Fabienne Bill, sie ist Mental Coach, von einem Experiment. 90 Tage ohne Zucker. Sie fragte mich, ob ich Interesse hätte, bei dieser Challenge mitzumachen. Ich zögerte. Ehrlich gesagt, allein der Gedanke brachte meinen Atem zum Stocken.

Seit über 40 Jahren esse ich regelmäßig Zucker. Mein allererster Gedanke: „Das kann ich nicht! Das schaffe ich nicht." Denn ich hatte in meinen Abnehmphasen schon öfter versucht, auf Zucker zu verzichten. Drei Tage war das Längste, was ich aushielt, bevor ich wieder rückfällig wurde. Wie sollte ich denn 90 Tage durchhalten?

Aber die Challenge ließ mir keine Ruhe. Fabienne machte mir klar: Wenn ich glaubte, es nicht zu schaffen, würde es mir auch nicht gelingen. Von wegen selbsterfüllende Prophezeiung und so. Mit der richtigen Überzeugung jedoch könnte ich es schaffen. Und für die schwachen Momente insbesondere in der Anfangsphase gibt es Tricks, um durchzuhalten (oder sie zu überstehen).

Ich nahm die Herausforderung an und machte mich erst einmal über Zucker und seine Wirkung schlau. Ich wusste, dass Hintergrundwissen es mir leichter machen würde, das Projekt anzugehen und vor allem durchzustehen. Ich sprach mit Ärzten und Ernährungsexperten, um in Erfahrung zu bringen, was Zucker in meinem Körper anstellt und in welchen Lebensmitteln versteckter Zucker enthalten ist. Und ich hatte Fabienne an meiner Seite. Als Mental Coach hat sie mir gezeigt, wie ich mein Unterbewusstsein umprogrammieren kann. Das war meine stärkste Waffe gegen die Zuckersucht.

90 TAGE OHNE ZUCKER – *die Challenge*

Ich wollte nicht wieder den Fehler begehen und mir zu viel zumuten. Klar, am Anfang, wenn man noch euphorisch ist, glaubt man, alles zu schaffen. Aber ich hatte schon häufig die Erfahrung gemacht, dass ich am Anfang total motiviert war, einige Tage durchhielt, um kurz danach doch wieder aufzugeben. Das sollte dieses Mal anders sein.

Ich hatte viel zum Zuckerentzug gelesen. Die Ratschläge reichten von „auf JEGLICHEN Zucker verzichten" – also auf Obst mit seinem (natürlichen) Fruchtzucker und auf Milchprodukte wegen des Milchzuckers – bis zu: Alles außer raffinierter Zucker ist erlaubt. Für Variante 1 war ich ehrlich gesagt noch nicht bereit, denn ich wusste, das kann ich wirklich nicht durchhalten. Ich esse jeden Morgen mit meiner Tochter zusammen Haferflocken mit Obst und ich liebe Käse. Ich wollte trotz der Challenge noch Essen genießen können. Und ich wollte, dass es etwas Langfristiges wird. Von der Ernährungsexpertin Brigitte Bäuerlein erfuhr ich, dass der natürliche Fruchtzucker aus Obst meinen Körper nicht belastet, wenn ich es nicht übertreibe. Mehr als zwei Portionen Obst am Tag sollten es nicht sein. Eine Portion ist eine Handvoll. Obst ist sogar wichtig für unseren Körper, denn es enthält neben Vitaminen auch Ballaststoffe. Der natürliche Milchzucker in Milchprodukten, also auch in Käse, schadet uns ebenfalls nicht. In dieser Challenge geht es mir darum, den *zugesetzten* Zucker, den Industriezucker, wegzulassen. Der Zucker, der in verarbeiteten Lebensmitteln steckt und in selbst gebackenem Kuchen oder auch in gekauften Müslis.

In den ersten Tagen hatte ich zu den üblichen Zeiten – mittags nach dem Mittagessen und nachmittags – Verlangen nach Süßem. Mittags genoss ich in der Regel meine zweite Portion Obst – einen Apfel oder Obstsalat. Nachmittags half es oft, einen Espresso zu trinken, Walnüsse zu knabbern (Bitteres nimmt die Lust auf Süßes) oder Wasser zu trinken. Wenn Wasser- oder Teetrinken nicht half, habe ich Nüsse genascht oder mir ein Knäckebrot mit reinem Cashew- oder Mandelmus geschmiert. Das war wirklich meine Rettung. Aber Achtung, Nüsse haben echt viele Kalorien, was zu bedenken ist, wenn man abnehmen will.

Ich habe während der Challenge gelernt, mehr zu trinken. Früher habe ich immer zu wenig getrunken. Und oft ist es so, dass wir glauben, Hunger zu haben, obwohl uns eigentlich Flüssigkeit fehlt. Zum Beispiel habe ich mir jeden Morgen eine Kanne Brennnesseltee gemacht und sie bis zum Mittag ausgetrunken.

Sport und ich – wir waren nie große Freunde. Ich habe es oft mit Joggen versucht. Aber ich musste mich immer dazu zwingen und dann ließ ich es bald wieder bleiben. Der Schweinehund hat sich immer wieder durchgesetzt. Bis ich „The Original Bootcamp" entdeckte. Beim „Original Bootcamp" (gibt es in vielen größeren Städten) trainiert man in einer Gruppe von maximal zwölf Leuten, und das draußen. Egal bei welchem Wetter. Das setzt bei mir hinterher immer so viele Glückshormone frei! Beim „Bootcamp" werden Kraft und Ausdauer trainiert, ohne zusätzliche Gewichte, und jeder trainiert auf seinem Level. Da es eine kleine Gruppe ist und dadurch ein Zusammenhalt entsteht, habe ich auch nie eine Trainingseinheit aus Faulheit abgesagt. Die Gruppendynamik zieht mich mit und hilft mir beim Durchhalten.

Es gab Leute, die mich belächelt haben für meine „90 Tage ohne Zucker"-Challenge und sogar versucht haben, mich zu einem klitzekleinen Stück Kuchen zu überreden: „Das bisschen Zucker kann doch nicht schaden". Das bisschen Zucker nicht – *nach* der Challenge. Wenn ich während der Challenge eine Ausnahme gemacht hätte, hätte ich mir immer häufiger eine Ausnahme genehmigt und dann wäre bald alles wieder beim Alten gewesen. Während der Challenge musste ich konsequent sein, damit ich danach in der Lage sein würde, wirklich nur ein kleines Stück Kuchen zu essen und nicht wieder kräftig zuzuschlagen.

Mein allergrößtes Erfolgserlebnis war der Besuch der „Goldenen Kamera" 2016. Bei der After-Show-Party gab es ein riesiges Dessertbüfett mit den leckersten Naschereien, die man sich vorstellen kann. Dinge, die man eigentlich probieren muss, weil man sie selbst nie zubereiten könnte. Früher hätte ich mich darauf gestürzt und von allem probiert, bis mir der Bauch wehgetan hätte. Dieses Mal konnte ich völlig ungerührt davorstehen, das tolle Büfett bewundern und dann weitergehen. Ich musste mich nicht zwingen, nichts zu nehmen, sondern hatte überhaupt gar kein Verlangen danach. Und selbst als meine Kollegin neben mir einen saftigen Brownie aß, blieb ich entspannt und hatte nicht das Bedürfnis, zu kosten. Das wäre früher wirklich undenkbar gewesen. In diesem Moment hat mich das richtig glücklich gemacht. Ich fühlte mich stark. Und so stolz. Ich hatte etwas geschafft, von dem ich vorher nie gedacht hätte, dass ich es kann. Und dieses Gefühl wirkte sich auch auf andere Bereiche meines Lebens aus.

Was hat sich nach der Challenge für mich verändert?

Ich habe so viel mehr Energie! Während ich mich früher morgens immer aus dem Bett gequält hatte, fühle ich mich heute mit dem Weckerklingeln schon frisch und ausgeruht, selbst wenn ich nur fünf Stunden geschlafen habe. Das berühmte Nachmittagstief und Heißhungerattacken gehören der Vergangenheit an. Meine Haut sieht viel besser aus und meine Blähungen bin ich auch losgeworden. Mein Arzt hat mir beim letzten Check-up gratuliert – ich habe keine Fettleber mehr und vorbildliche Cholesterin- und Blutdruckwerte.

Ich koche jetzt öfter selbst als früher. Denn dann weiß ich, was in meinem Essen drin ist – auf keinen Fall Zucker. Es gibt ja inzwischen moderne Geräte, die sehr zeitsparend Essen zubereiten, sodass ich keine Ausrede mehr habe, zu wenig Zeit zum Kochen zu haben.

Zu Beginn der Challenge habe ich noch Zuckerersatzstoffe genommen, sozusagen gesunde Zuckeralternativen, um erst einmal „reinzukommen". Reissirup und Kokosblütenzucker zum Beispiel. Die lassen den Blutzuckerspiegel nicht so schnell ansteigen, haben aber zu Beginn noch mein Verlangen nach Süßem gestillt. Ich habe mich sozusagen langsam entwöhnt. Das hat gut funktioniert. Ich hatte immer seltener das Bedürfnis nach etwas Süßem. Heute setze ich Reissirup und Kokosblütenzucker manchmal ein, wenn ich für Besuch Kuchen backe oder Desserts zubereite. Im Rezeptteil (ab Seite 80) gibt es einige Rezepte mit Reissirup oder Erythrit. Das ist empfehlenswert für den Einstieg, zum Reinkommen in die Challenge und für die Zeit danach. Denn durch die Challenge habe ich gelernt, meinen Zuckerkonsum massiv runterzufahren. Heute konsumiere ich nur noch ein Viertel von dem, was ich vor der Challenge an Zucker auf dem Teller hatte. Ich verzichte also nicht für den Rest meines Lebens komplett auf Zucker? Die ehrliche Antwort ist: „Nein". Ich erlaube mir in der Weihnachtszeit auch Schokolade. Aber ich esse *wesentlich* weniger davon als früher. Ich genieße jede einzelne Weihnachtsleckerei ganz bewusst und esse nur ein Stück statt wie früher fünf. Ich erlaube mir auch Kuchen oder Dessert, wenn ich auf eine Feier eingeladen bin. Das passiert nicht jeden Tag und ich muss auch keine drei Stück Kuchen mehr essen, sondern bin nach einem Stück schon glücklich. Im Sommer genieße ich mit meiner Tochter zusammen auch einmal ein Eis. Aber nur noch eine Kugel statt zwei wie früher und oft Sorbet anstatt Milcheis. Und jedes Jahr ab dem 1.1. starte ich die Challenge aufs Neue. Ich mache nicht mal nach 90 Tagen Schluss damit, sondern verlängere sogar bis zur Eissaison. Zu Ostern gönne ich mir dann keine normalen Schokoeier, sondern genieße Schokolade mit Kokosblütenzucker, Erythrit oder 80 Prozent Bitterschokolade.

Viele glauben, wenn sie auf Zucker verzichten, nehmen sie auch automatisch ab. Das Marktforschungsinstitut Innofact hat 2.024 Verbraucherinnen und Verbraucher befragt, was sie von zuckerreduzierten oder zuckerfreien Produkten erwarten.
Das Ergebnis:

- 71 Prozent greifen zu den zuckerreduzierten oder zuckerfreien Produkten, weil sie glauben, damit Kalorien zu sparen.

- 52 Prozent sind der Meinung, dass man von zuckerreduzierten und zuckerfreien Lebensmitteln guten Gewissens mehr essen kann und man davon nicht dick wird.

Die meisten sind der Meinung, weniger Zucker in Lebensmitteln bedeute weniger Kalorien. Bei Getränken trifft das auch zu. Bei festen Lebensmitteln ist die Sache allerdings komplizierter. Der Zucker wird reduziert, muss aber – wegen seiner vielfältigen Eigenschaften – meist durch andere Zutaten ersetzt werden, die ebenfalls Kalorien liefern. Produkte, die weniger oder keinen Zucker enthalten, haben also nicht automatisch weniger Kalorien. Zuckerfreies Knäckebrot mit zuckerfreiem Cashewmus passt zwar zur Challenge, legt sich aber auch auf die Hüfte, wenn ich zu viel davon esse. Und wenn ich mehr Kalorien zu mir nehme, als ich verbrauche, nehme ich zu. Selbst wenn es keine Zuckerkalorien sind.

Ich bin dankbar für die Herausforderung der Challenge, 90 Tage ohne Zucker auszukommen. Von alleine hätte ich es vielleicht nicht in Angriff genommen. Zusammen mit anderen fiel es mir leichter. Diese Erfahrung hat mein Leben bereichert. Ich habe gelernt, dass ich etwas schaffen kann, das mir lange unmöglich schien, und ich habe einen bewussteren Umgang mit Lebensmitteln und Zucker gelernt.

ALLES IN ALLEM EINE INVESTITION IN MICH SELBST, *in mein Wohlbefinden und in meine Gesundheit.* **WENN ICH ES GESCHAFFT HABE, KANNST DU ES AUCH SCHAFFEN.**

ISS WENIGER Zucker. DU BIST schon süß GENUG.

Dr. Max Timm

ist Facharzt für Innere Medizin und Sportmedizin. Nach dem Studium der Humanmedizin an der Berliner Charité absolvierte er seine internistische Facharztausbildung im Martin-Luther-Krankenhaus Berlin. Im Jahr 2007 erfolgte der Eintritt in die internistische Gemeinschaftspraxis DOCTOWN in Düsseldorf zu seinem Vater Dr. med. Werner Timm. Sein großes Anliegen ist, schwerpunktübergreifend zu arbeiten mit dem Fokus auf Durchführung von ganzheitlichen Medical Check-ups. Zusätzlich versteht er sich als moderner Hausarzt. Als ehemaliger Leistungssportler (Surfing) und passionierter Allround-Sportler verbindet er fachliche Kompetenz mit persönlicher Erfahrung. Vor allem das Zusammenspiel von Sport, Medizin, Lifestyle und Ernährung liegt ihm sehr am Herzen. Hierfür entwickelte er ein eigenes individualisiertes Ernährungs- und Betreuungskonzept zur ganzheitlichen Stoffwechselumstellung bzw. -regulierung (Metabolic@DOCTOWN).

Wenn Zucker auf den Körper trifft

Fragen an den Facharzt für Innere Medizin Dr. Max Timm

WARUM KANN ZU VIEL ZUCKER KRANK MACHEN?

Je mehr Zucker wir essen, desto höher ist der Blutzuckerspiegel und desto mehr Insulin wird ausgeschüttet. Je mehr Insulin im Blut ist, desto mehr Energie wird auch als Fett abgespeichert. Denn nur die Fettzellen können schnell viel Glukose aufnehmen. Das ist die Funktion von Fettzellen: Sie sollen kurzfristig Energie speichern. Erst nachdem der Insulinspiegel absinkt, werden Fettzellen als Energiequelle genutzt. Wenn aber ständig Insulin ausgeschüttet wird, bleibt die Glukose in den Fettzellen.

Vor allem die Leber leidet unter diesen Stoffwechselprozessen. Die überschüssige Nahrungsenergie kann nicht mehr über die Leber aufgenommen werden. Eine mögliche Folge davon ist, dass die Leber nicht mehr auf das Insulin reagiert. Jetzt spricht man von einer Insulinresistenz. Das ist die Vorbotin des Typ-2-Diabetes. Die Bauchspeicheldrüse schüttet unvermindert immer mehr Insulin aus, um die Leber zum Arbeiten zu bringen, dadurch wird noch mehr Fett gespeichert. Das kann in der Folge zu einer Verfettung der Leber und weiterer Organe führen.

Auch die Darmflora gerät aus dem Gleichgewicht. Die Darmbakterien sind mit der Zuckerverwertung überlastet, dadurch siedeln sich mehr Fäulnisbakterien im Darm an. Das kann zu funktionellen Verdauungsstörungen mit Blähungen, Verstopfungen und Bauchschmerzen führen.

Zu viel Zucker schädigt zudem das Gehirn. Forscher der Berliner Charité haben 141 gesunde Senioren zu einem Test gebeten. Ihre Aufgabe war es, 15 Wörter eine halbe Stunde lang im Gedächtnis zu behalten. Teilnehmer mit viel Zucker im Blut erinnerten sich an durchschnittlich zwei Wörter weniger. Ihr Hippocampus war kleiner und schlechter strukturiert als der von Probanden mit niedrigerem Blutzuckerspiegel. In einer englischen Studie fühlten sich Kinder nach einem süßen Frühstück zwar wach und leistungsfähig, doch ihre tatsächlichen Lernleistungen ließen nach. Die Erinnerungszentrale im Gehirn wird nämlich von zu viel Zucker lahmgelegt. Auf eine Überdosis Zucker reagiert das Gehirn ähnlich wie auf eine Vergiftung. So werden nur noch wenige Proteine für die Neubildung von Nervenzellen und Synapsen aktiviert, und der Hippocampus reagiert schlechter auf das Hormon Insulin, sodass es keinen Zucker mehr einschleusen kann. Unter Demenzpatienten gibt es viele Menschen, die große Zuckervertilger sind.

Statistisch solide belegt ist, dass viele Krebsarten gehäuft im Zusammenhang mit Zuckerkonsum und Typ-2-Diabetes auftreten. Manche Krebszellen nutzen die Kohlenhydrate für ihren Tempostoffwechsel und profitieren von einer zuckerlastigen Ernährung.

EINE „SÜSSE" ZUSAMMENFASSUNG: ZUCKER ...

- macht müde, launisch, träge und unkonzentriert.
- löst Heißhungerattacken aus, was Übergewicht begünstigt.
- beschleunigt den Alterungsprozess der Zellen.
- begünstigt Entzündungsprozesse.
- führt zu Hautproblemen.
- beeinträchtigt die Schlafqualität.
- verursacht Karies.

Kurz gesagt: Zucker kann richtig krank machen.

Wenn wir Zucker essen, **WIRD INSULIN AUSGESCHÜTTET.** *Je mehr Insulin im Blut ist,* **DESTO MEHR ENERGIE WIRD ALS FETT ABGESPEICHERT.**

ES GIBT IN DEUTSCHLAND 7 MILLIONEN MENSCHEN MIT DIABETES, DAVON HABEN 90 PROZENT TYP-2-DIABETES. JEDEN TAG KOMMEN 800 BIS 1.000 NEUERKRANKUNGEN HINZU. DIE TYP-2-DIABETES-NEUERKRANKUNGEN BEI KINDERN HABEN SICH IN DEN LETZTEN 10 JAHREN VERFÜNFFACHT.

UND 2 MILLIONEN DEUTSCHE HABEN DIABETES, OHNE ES ZU WISSEN. WIE ENTSTEHT TYP-2-DIABETES?

90 Prozent der Betroffenen sind zu dick. Früher trat die Krankheit erst bei über 40-Jährigen auf, es war also ein Problem zunehmenden Alters. Heute sind sehr viele junge Menschen betroffen.

Übergewicht ist ein ernst zu nehmender Risikofaktor für Typ-2-Diabetes. Menschen mit Übergewicht haben viele und gut gefüllte Fettzellen. Diese Fettzellen speichern nicht nur überschüssige Energie als Folge von zu viel Essen und zu hohem Zuckerkonsum, sondern bilden selbst viele Substanzen und speichern Schadstoffe, welche sie in den Blutkreislauf übergeben. Die Fettzellen bilden auch Hormone, die in ihrer Wirkung dem Insulin entgegenwirken. So kann der Körper den Blutzucker nicht mehr richtig verwerten. Dann spricht man von einer Insulinresistenz. Typ-2-Diabetes entsteht durch diese Insulinresistenz – die Zellen reagieren nicht mehr ausreichend auf das Hormon Insulin und nehmen den Zucker nicht mehr in das Zellinnere auf. Die Zellen im Körper eines Typ-2-Diabetikers, insbesondere Muskel-, Leber- und Fettzellen, sind besonders betroffen. Der Zucker bleibt also im Blut, obwohl die Zellen ihn dringend benötigen, und sendet deshalb immer wieder „Wir-brauchen-Glukose"-Signale aus. Infolgedessen produziert die Bauchspeicheldrüse immer mehr Insulin, und trotzdem scheint die produzierte Menge nie auszureichen. Der Blutzuckerspiegel bleibt erhöht. So lange, bis die Bauchspeicheldrüse einfach kein Insulin mehr produzieren kann. Dann muss das lebensnotwendige Insulin gespritzt werden. Das geschieht beim Typ-2-Diabetiker meist im späteren Stadium und in den meisten Fällen auch nur dann, wenn der Patient sich weiterhin ungesund ernährt und sich kaum bewegt. Der Typ-2-Diabetiker leidet also nicht wie der Typ-1-

Diabetiker unter einem absoluten Insulinmangel, sondern unter einer Insulinresistenz oder nicht ausreichendem Insulin.

Zu viel Zuckerkonsum **FÜHRT ZU ÜBERGEWICHT.** *Übergewicht ist ein Risikofaktor für Typ-2-Diabetes.*

WARUM IST TYP-2-DIABETES SO GEFÄHRLICH?

Ein ständig erhöhter Blutzuckerspiegel führt langfristig zu unterschiedlichen Schäden im Körper. Die Wände der kleinen und großen Blutgefäße werden dadurch verdickt und verlieren ihre Elastizität. Dies hat einen erhöhten Blutdruck zur Folge. Es kann auch zu Gewebewucherungen innerhalb der Blutgefäße kommen, was deren Durchlässigkeit beeinträchtigt. Gleichzeitig beeinflusst ein hoher Blutzuckerspiegel die Blutplättchen (Thrombozyten). Das Ergebnis ist eine erhöhte Gerinnungsneigung, also dickflüssigeres Blut.

Die Kombination aus verdickten Blutgefäßwänden und dickflüssigem Blut ist gefährlich. In den großen Blutgefäßen kommt es deshalb bei Diabetikern deutlich schneller zu einer Arteriosklerose als bei Nicht-Diabetikern.

Mögliche Folgen dieser Blutgefäßveränderungen sind:

- Herzinfarkt
- Schlaganfall
- Nierenversagen
- Entwicklung von chronischem Bluthochdruck
- Augenerkrankungen wie der grüne oder graue Star, Gefahr des Erblindens durch eine Schädigung der Netzhautgefäße
- Nervenprobleme wie die diabetische Polyneuropathie, eine Schädigung der Blutgefäße, welche die Nerven versorgen; dies kann sich in Form von Wadenkrämpfen oder Nervenschmerzen bis hin zu Lähmungen bemerkbar machen.
- Durchblutungsstörungen, die sich im sogenannten diabetischen Fuß äußern können. Beim diabetischen Fuß sind die kleinen Gefäße im Fuß im Bereich der Zehen oder der Ferse so geschädigt, dass an diesen Stellen Gewebe absterben kann. Der diabetische Fuß ist der häufigste Amputationsgrund.
- Weitere Anzeichen sind Wundheilungsstörungen und ein Nachlassen der körperlichen und geistigen Leistungsfähigkeit.

Deswegen ist es auch so wichtig, sich zu bewegen und ausgewogen zu essen, damit es nicht zum Übergewicht kommt – der größte Risikofaktor für Typ-2-Diabetes. Nach einer Früherkennung von Typ-2-Diabetes braucht der Patient meist noch kein Insulin zu ersetzen, sondern kann durch Ernährungsumstellung, Gewichtsreduktion und mehr Bewegung seine Blutzuckerwerte in Ordnung bringen. Reicht das nicht aus, werden Medikamente verschrieben. Im fortgeschrittenen Stadium muss jedoch Insulin gespritzt werden. Häufig vergehen zehn und mehr Jahre, bis der Typ-2-Diabetes als eine behandlungsbedürftige Erkrankung erkannt wird. In Deutschland gibt es rund 10 Millionen Menschen mit Typ-2-Diabetes. Die meisten von ihnen wissen allerdings nichts davon, weil sie zu Beginn keine besonders auffälligen Symptome haben. Erste Anzeichen für Typ-2-Diabetes könnten häufiges Wasserlassen und zunehmendes Durstgefühl sein. Die Funktionen der Nieren bestehen darin, überschüssige Glukose aus dem Blut abzutransportieren. Auch die Nieren können durch hohen Zuckerkonsum geschädigt werden.

Zucker aktiviert im Gehirn **DIE GLEICHEN SUCHT-ZENTREN WIE ALKOHOL UND DROGEN.**

KANN ZUCKER WIRKLICH SÜCHTIG MACHEN?

Wenn wir Zucker gegessen haben, steigt der Dopaminspiegel im Belohnungszentrum unseres Gehirns. Dies geschieht, weil unsere Darmbakterien mit der Darm-Gehirn-Achse (Gut-Brain-Axes) über die Produktion von neuroaktiven Molekülen und deren Vorstufen wie Serotonin, Dopamin, Adrenalin und Noradrenalin kommunizieren. Dadurch werden Glücksgefühle ausgelöst, allerdings nur für kurze Zeit. Kurzfristig hat Zucker also eine beruhigende und entspannende Wirkung.

Viele von uns haben das Gefühl, sie „brauchen" Zucker zur Beruhigung bei Stress, Wut, Trauer, Einsamkeit, Frust oder Langeweile. Zucker soll laut wissenschaftlicher Studien im Gehirn die gleichen Suchtzentren wie Alkohol und Drogen aktivieren. Zucker manipuliert also das Belohnungssystem, und eine ständige Überstimulation kann in die Sucht führen. Weil der Mensch Belohnungen für sein seelisches Wohlbefinden braucht, wird unser Gehirn uns immer wieder verführen. Daraus kann sich ein Hang nach Süßem entwickeln. Auch Sucht geht ja mit einer Vorliebe für etwas Bestimmtes einher. Zucker wirkt wie eine Droge. Zucker kann süchtig machen.

ZUCKER – EINE SUCHT, *die hungrig macht, aber nicht satt.*

WENN ZUCKER KRANK UND SÜCHTIG MACHEN KANN – DÜRFEN WIR DANN NIE WIEDER ZUCKER ESSEN?

Es ist sehr unrealistisch, nie wieder Zucker zu essen. Das würden nur die Wenigsten durchhalten. Und das ist auch nicht notwendig. Es geht um die Menge am Ende des Tages. Durch das Zuckerentwöhnungsprogramm lernen wir, ein Gefühl für die Zuckermenge zu bekommen, unseren Geschmackssinn wieder zu schärfen und unserem Bauchgefühl zu vertrauen. Gegen ein Dessert oder einen Kuchen ab und zu ist überhaupt nichts einzuwenden. Ist eine Zuckerentwöhnung gelungen und kommen wir sogar ganz gut ohne Süßigkeiten über die Runden, dann fällt es auch in Zukunft leichter, die Schokolade an der Tankstelle liegen zu lassen. Dann essen wir ein Dessert nicht mehr nur nebenbei, sondern mit Genuss und überlegen uns vorher ganz genau, ob wir das jetzt auch wirklich wollen. Durch das Zuckerentwöhnungsprogramm bekommen wir ein Gefühl für versteckte Zucker in Lebensmitteln. Wir schauen in Zukunft genauer auf die Nährwerttabellen und können somit die Menge der zugeführten Zucker deutlich reduzieren. Optimal wäre, eine Zuckermenge von 30 g pro Tag nicht zu überschreiten. Momentan essen viele von uns über 100 g Zucker pro Tag. Und vielleicht kochen wir durch das Entwöhnungsprogramm in Zukunft bewusster und mit vielen frischen und hochwertigen Zutaten.

IM DURCHSCHNITT NEHMEN WIR 110 G ZUCKER PRO TAG ZU UNS. *Die Weltgesundheitsorganisation empfiehlt nicht mehr als 25 bis 30 g pro Tag.*

WARUM HAT EINE ZUCKERREDUKTION NICHT UNBEDINGT EINE GEWICHTSABNAHME ZUR FOLGE?

Wir nehmen nur ab, wenn wir mehr Kalorien verbrauchen, als wir zu uns nehmen. Viele, die auf Zucker verzichten, ersetzen ihn durch Nüsse, Nussmus oder zuckerfreie Schokolade. Diese Lebensmittel haben aber auch viele Kalorien. Und wenn davon zu viel gegessen wird und man sich nicht ausreichend bewegt, nimmt man trotzdem zu beziehungsweise nicht ab.

Und: Das bestmögliche Reduzieren von Zucker ist das Eine. Abnehmen gelingt jedoch nur dann, wenn unser Verdauungsstoffwechsel gut funktioniert. Und das bedeutet nicht nur, weniger essen, sondern eine gute Essorganisation und Rhythmik zu haben: drei Mahlzeiten pro Tag, vier bis fünf Stunden Pause zwischen den Mahlzeiten einhalten, keine Mahlzeiten auslassen und nichts zwischendurch essen. Und natürlich regelmäßige Bewegung, besonders im Alltag.

Der anfängliche Zuckerentzug ist Stress für den Körper, der auf die Stimmung schlagen kann. **DER ENTWÖHNUNGSPROZESS DAUERT CIRCA EINE WOCHE.**

MIT WELCHEN ENTZUGSERSCHEINUNGEN SOLLTE MAN WÄHREND DER ZUCKERDETOX RECHNEN?

Die ersten Tage können hart werden. Kopfschmerzen und Gereiztheit, Schlafstörungen, Unruhe, Niedergeschlagenheit und das Gefühl von Antriebslosigkeit können auftreten. All das kann passieren, muss aber nicht. Jeder erlebt den Zuckerentzug anders. Die Beschwerden rühren daher, dass der Blutzuckerspiegel durch den Entzug schnell verdaulicher Kohlenhydrate vorübergehend abfällt und sich erst wieder auf ein normales Maß einpendeln muss. Der Entzug bedeutet Stress für den Körper. Die Dopaminproduktion sinkt. Stresshormone werden freigesetzt. Ein körperlicher Ausnahmezustand, der sich auf die Stimmung schlagen kann. Der Entwöhnungsprozess dauert etwa eine Woche an. Wer dabeibleibt, wird in der ersten Woche noch oft den Impuls haben, etwas naschen zu wollen, und die Gedanken kreisen ständig nur ums Essen. Wie gesagt, das *kann* passieren, muss aber nicht. Sind diese Hürden erst mal überwunden, wird es leichter. Bewegung, Sport und Akupunktur liefern hierbei gute Unterstützung. In den ersten zwei Wochen kann auch der Atem schlecht riechen, weil durch den Zuckerentzug sogenannte Ketonkörper als Glukoseersatz im Körper hergestellt werden. Aber auch dagegen kann man etwas tun.

WAS GEWINNE ICH FÜR MICH, WENN ICH EIN ZUCKERENTWÖHNUNGSPROGRAMM MACHE UND IN ZUKUNFT MEINEN ZUCKERKONSUM REDUZIERE?

Wenn wir auf Zucker verzichten beziehungsweise diesen später dauerhaft reduzieren, sind wir körperlich und geistig leistungsfähiger und weniger anfällig für Infekte. Unsere Verdauung funktioniert dann besser, der Blutdruck wird optimiert, die Blutzucker- und Cholesterinwerte sinken, die Leber entfettet sich und die Leberwerte verbessern sich, wir schlafen besser, sind morgens fitter, es gibt kein Nachmittagstief mehr, die Konzentration wird gefördert, das Hautbild verbessert sich – somit ist diese Challenge ein ganzheitlicher Ansatz für die Gesundheit!

Dr. Brigitte Bäuerlein

ist freiberufliche Ernährungswissenschaftlerin und lebt mit ihrem Mann und ihren beiden Töchtern in Gevelsberg/NRW.
Sie ist seit vielen Jahren Dozentin für das Fach Ernährungslehre an einer privaten Hochschule in Düsseldorf. Dort betreut sie Studenten, die sich im Fachbereich Sport und Gesundheit weiterbilden. In Gevelsberg hat sie eine Praxis zur Ernährungsberatung. Die Praxis ist Anlaufstelle für Menschen mit ernährungsbedingten Erkrankungen. Als TV-Expertin wird Brigitte Bäuerlein ebenfalls regelmäßig gebucht.

Ihr Motto: Frisch, bunt und vielseitig sollte unser Essen sein. Und vor allen Dingen sollte Essen Spaß machen.

www.ernaehrungswegen.de

Alles über Zucker

Fragen an die Ernährungswissenschaftlerin Dr. Brigitte Bäuerlein

WAS IST ZUCKER?

Es gibt sehr viele unterschiedliche Zucker. Wir unterscheiden sie vor allem danach, wie viele Zuckermoleküle diese enthalten. Es gibt Einfach-, Zweifach-, Mehrfach- und Vielfachzucker.

Einfachzucker sind sehr süß. Wir kennen sie als Traubenzucker (Glukose), Fruchtzucker (Fruktose) und Schleimzucker (Galaktose). Einfachzucker finden sich im Obst, Honig, Gemüse und in Milchprodukten.

Zweifachzucker sind etwas weniger süß. Zu den Zweifachzuckern gehört die Saccharose (Haushaltszucker aus Zuckerrüben oder -rohr), Malzzucker (Maltose) und Laktose (Milchzucker). Diese Zucker finden sich zum Beispiel in Süßwaren, Obst und Gemüse.

Mehr- und Vielfachzucker schmecken kaum noch süß. Wir finden diese als Stärke in den Nudeln, Kartoffeln, Getreiden, Hülsenfrüchten und Broten. Auch unverdauliche Ballaststoffe aus Gemüse und Obst oder aus vollwertigem Getreide sind Vielfachzucker.

Die unterschiedlichen Zuckerarten haben unterschiedliche Wirkung auf Blutzuckerspiegel und Stoffwechsel. Vor allem die Einfach- und Zweifachzucker belasten den Blutzuckerspiegel, wohingegen Mehrfachzucker aus Gemüse oder Hülsenfrüchten langsamer und gleichmäßig aufgespalten werden, was viel verträglicher ist für den Organismus. Kohlenhydrat ist ein Überbegriff für alle Zuckerarten.

AUS WAS WIRD HAUSHALTSZUCKER GEMACHT, WIE WIRD ER HERGESTELLT?

Konventioneller Zucker wird aus Zuckerrüben oder -rohr hergestellt. Dazu wird die Pflanze meist zerkleinert und zu einem Sirup verkocht. Für den kristallinen weißen Haushaltszucker werden Zuckerrüben verwendet. Die Rübenschnitzel werden gekocht und in mehreren Prozessen wird der Rohsaft gefiltert, bis er verdampft und kristallisiert. Beim Zuckerrohr wird eine einfachere Art der Saftreinigung eingesetzt, deshalb ist Rohrzucker meist braun.

ZUCKER HAT VIELE NAMEN
und ist nicht immer sofort in der Zutatenliste erkennbar.

NICHT AUF ALLEN INDUSTRIELL GEFERTIGTEN LEBENSMITTELN IST ZUCKER SOFORT ERKENNBAR. HINTER WELCHEN BEGRIFFEN KANN SICH ZUCKER VERBERGEN?

Es gibt viele Synonyme, die auf dem Zutatenverzeichnis stehen. Hinter all diesen verbirgt sich Zucker: Glukose, Fruktose, Raffinose, Maltose, Dextrose, Laktose, Sorbit, Xylit, Mannit, Isomalt, Invertzucker und noch viele mehr. Alle Begriffe, die auf -sirup enden, enthalten ebenfalls Zucker: Glukose-,

Fruktose-, Karamell-, Stärkesirup. Auch Molkenpulver und Gerstenmalz enthalten Zucker.

WAS IST MIT SÜSSSTOFFEN, SIND DIE BESSER?

Nein. Süßstoffe sind künstlich hergestellte Süßmittel mit hoher Süßkraft und null Kilokalorien, sie schädigen auch die Zähne nicht. Mit diesen Süßungsmitteln kann der Zuckerstoffwechsel jedoch nichts anfangen. Auch das angepriesene Stevia ist keine gute Alternative. Steviaglykoside müssen mit viel Chemie aus der Steviapflanze gewonnen werden. Der Geschmack erinnert an Lakritze. Zum Backen eignet sich Stevia nicht. Und Steviapulver ist gestreckt mit Maltodextrin, also mit einem Mehrfachzucker vermischt. Der Zuckerersatz durch die Süßstoffe hilft nicht dabei, sich das Süßempfinden abzugewöhnen – und das ist nun mal der Königsweg. Erst wenn sich unser an Einheitsgeschmack gewöhnte Gaumen vor zu viel Süßem ekelt, ist das Ziel erreicht.

GIBT ES EINEN GUTEN ERSATZ FÜR DEN HAUSHALTSZUCKER?

Es gibt einen kalorienfreien Ersatz für Zucker, das Erythrit. Erythrit hat keinen Einfluss auf den Insulinstoffwechsel. Es handelt sich um einen fermentierten kristallinen Zucker, der auch zum Backen verwendet werden kann. Doch auch hier gibt es Nachteile: Dieser Zucker löst sich nur schwer auf, er hat auch nicht die Süßkraft, die wir kennen, und ist überdies sehr teuer. Erythrit gehört zu den Zuckeralkoholen, hat jedoch im Gegensatz zu diesen eine bessere Verdaulichkeit. Dennoch, Erythrit hilft ebenfalls nicht, sich das Süße abzugewöhnen.

ZUCKER IST IN FAST ALLEN INDUSTRIELL HERGESTELLTEN LEBENSMITTELN, *von Fleischsalat und Fertigpizza bis hin zu Joghurt und Leberwurst.*

IN WELCHEN LEBENSMITTELN VERBIRGT SICH AM MEISTEN ZUCKER?

Zucker ist nicht nur in Süßigkeiten, süßen Getränken oder Marmeladen enthalten. Er wird in nahezu alle industriell hergestellten, hochverarbeiteten Nahrungsmittel hineingeschummelt. Und das aus einem guten Grund: Er konserviert und überdeckt den Geschmack minderwertiger Grundzutaten, macht das Produkt sozusagen besser, als es ist.

Zusätzlich kann Zucker auch über eine süßende Zutat in die Lebensmittel gelangen, etwa in Form von gesüßten Fruchtkonzentraten, als Agavendicksaft oder Honig. Zum Süßen eignen sich außerdem Trockenfrüchte, Malz oder Milchzucker.

VORSICHT BEI LIGHT-PRODUKTEN! *Der fehlende Geschmack durch das reduzierte Fett wird oft durch Zucker ersetzt.*

In Light-Produkten wird unter anderem an Fett gespart und somit an Geschmack. Dafür werden Zucker und Salz zugesetzt oder der Zucker wird durch Süßstoff ausgetauscht. Keine gute Alternative, um Kalorien zu sparen oder sich das Süße abzugewöhnen.

HIER EINE KLEINE LISTE AN FERTIGPRODUKTEN
mit hohem Zuckergehalt:

- **Essiggurken:** bis zu 12 g Zucker pro Glas
- **Fruchtjoghurt:** 15 bis 20 g pro Becher (150 g)
- **Limonade:** 20 g Zucker pro Glas (200 ml)
- **Joghurtdressing:** 8 g pro 50 g
- **Balsamico:** 15 g pro 100 g
- **Ketchup:** 68 g Zucker pro 300 g
- **Heringssalat:** 16 g in einer Portion von 200 g
- **Cornflakes:** 30 g pro 60 g Portion
- **Müsliriegel:** 15 g pro Stück
- **Dosenananas:** 120 g in einer kleinen Dose
- **Apfelsaft:** 120 g pro Liter – genauso viel wie in Cola
- **Löslicher Kaffee:** 44 g in 100 g Kaffeepulver
- **Kondensmilch:** 33 g in einer Dose
- **Leberwurst:** 9 g in 250 g
- **Fruchtgummi:** 240 g in einer 300-g-Tüte

WORAN ERKENNE ICH, WIE VIEL ZUCKER EIN PRODUKT ENTHÄLT?

Zucker muss im Zutatenverzeichnis ausgewiesen sein. Steht dort an erster Stelle bereits Zucker oder eines der zahlreichen Zuckersynonyme, ist sehr viel davon enthalten. Auf verpackten Lebensmitteln gibt es außerdem im Rahmen der Nährwertkennzeichnung eine definierte Gruppe an Nährstoffen, die „big eight" – diese umfassen die folgenden Angaben in genau dieser Reihenfolge:

- Energiewert in KJ und Kcal
- Eiweiß
- Kohlenhydrate
- davon Zucker
- Fett
- davon gesättigte Fettsäuren
- Ballaststoffe
- Kochsalz

WIE VIELE KALORIEN HAT ZUCKER?

1 g Kohlenhydrat und somit auch Zucker liefert 4 Kcal, 1 g Fett hingegen 9 Kcal, 1 g Eiweiß 4 Kcal. Klingt erst mal nach nicht so viel. Jedoch aufgepasst: Die leicht verdaulichen Kohlenhydrate werden schnell und einfach verstoffwechselt, sie werden also immer zuerst genutzt, um daraus Energie zu gewinnen. Fett hat eher die Aufgabe, im Körper gespeichert zu werden, und Eiweiß ist dazu da, um Baumaterial für Haut, Haare, Nägel, Enzyme und Hormone zu liefern.

Wer viel Sport treibt und viele Muskeln hat, der kann mehr Kohlenhydrate zu sich nehmen. Die Muskeln helfen beim Abbau. Vorwiegend sitzende Menschen haben eine degenerierte und wenig aktivierte Muskulatur – hier schlagen die Zuckerkalorien richtig auf die Hüften.

WIE VIEL ZUCKER AM TAG IST ERLAUBT ODER OKAY?

Die Weltgesundheitsorganisation WHO rät, nicht mehr als 25 bis 30 g Zucker am Tag zu verzehren. Das entspricht etwa 8 bis 10 Stück Würfelzucker. Die Deutsche Gesellschaft für Ernährung (DGE) erlaubt 50 g Zucker pro Tag. Die Europäische Union hingegen empfiehlt maximal 90 g Zucker pro Tag.

ÜBRIGENS: DIE DEUTSCHEN VERZEHREN JEDEN TAG IM DURCHSCHNITT 110 G ZUCKER!

Auf unseren Lebensmittelverpackungen wird immer mit dem EU-Wert gerechnet und mit einem Tagesenergiebedarf von 2000 Kcal kalkuliert. Da wird gerne „schön-"gerechnet. Meist beziehen sich die Herstellerangaben zudem auf eine Portionsgröße. Dann sind eine Portion Gummibärchen nur noch etwa 15 Prozent der Zucker-Referenzmenge für den Tag, obwohl es nach den Empfehlungen der WHO bereits über 40 Prozent der Referenzmenge entsprechen würde. Und selten bleibt es bei 25 g Gummibärchen als Portion.

Übrigens: In einem „gesunden" Frühstück, das zum Beispiel aus 40 g Müsli mit Joghurt und Früchten plus einem Glas Orangensaft besteht, können schnell 50 g Zucker zusammenkommen, was nahezu dem Doppelten der empfohlenen WHO-Tagesmenge entspricht.

WAS PASSIERT MIT DEM ZUCKER IN UNSEREM KÖRPER?

Jeden Tag und jede Sekunde verbrauchen die Körperzellen große Mengen an Energie. Mit dieser Energie sind wir in der Lage zu atmen, zu denken, zu laufen und zu lachen. Als Treibstoff dient den Zellen hauptsächlich Zucker, genauer gesagt Glukose. Ohne Glukose zu überleben ist schwierig. Das Gehirn benötigt am meisten davon. Damit unser Körper richtig funktioniert, müssen wir den Zucker aber nicht in Reinform zuführen. Der Organismus kann den Brennstoff selbst herstellen – aus verschiedenen Lebensmitteln, zum Beispiel aus Brot, Nudeln oder Kartoffeln. Das dauert allerdings eine Weile, denn dafür sind viele Zwischenschritte nötig: Über die Darmschleimhaut des Dünndarms gelangt der Zucker in unser Blut. Da wird er als Blutzucker zum Energielieferanten für alle Zellen. Damit die Zellen den Zucker überhaupt aufnehmen und verwerten können, wird ein Botenstoff benötigt: das Insulin. Dieses Hormon ist für den Transport des Zuckers aus dem Blut und für das Einschleusen in die Zellen verantwortlich. Insulin wird in der Bauchspeicheldrüse gebildet. Je schneller die Glukose in den Darm gelangt, zum Beispiel nach dem Verzehr von Schokolade oder einem Süßgetränk, desto höher und zügiger steigt der Blutzuckerspiegel und somit die Insulinkonzentration. Kommt die Glukose verpackt in kohlenhydrathaltigen Speisen wie Vollkornbrot oder Kartoffeln an, dann gibt es als Folge einen moderaten, langsamen Anstieg des Blutzuckerspiegels. Vollwertige Kohlenhydrate sind somit die bessere Wahl.

JE MEHR ZUCKER WIR ESSEN, DESTO SCHNELLER HABEN WIR WIEDER HUNGER *durch das schnelle Absinken des Blutzuckerspiegels.*

WARUM HABEN WIR SO SCHNELL WIEDER HUNGER, WENN WIR WAS SÜßES ODER EINE MAHLZEIT MIT VIEL ZUCKER GEGESSEN HABEN?

Leicht und schnell verdauliche Zucker lassen den Blutzuckerwert rasch ansteigen. Die Folge ist eine schnelle Insulinfreisetzung. Insulin versucht, den Zucker in die Körperzellen zu transportieren. Sobald das passiert, sinkt der Blutzuckerspiegel. Ein absinkender Zuckerwert im Blut signalisiert dem Gehirn: HUNGER! Je schneller der Blutzucker dabei sinkt, umso stärker und frühzeitiger gibt es Hungermeldungen. Denn das Gehirn ist auf Zucker angewiesen.

Je mehr Zucker und Stärke sich also in der Nahrung befinden, desto schneller stellt sich wieder ein Hungergefühl ein. Obwohl die Reserven gut gefüllt sind, kommt es zu Hungermeldungen und Heißhungerattacken sind vorprogrammiert. Beim Verzehr verzweigtkettiger und komplexer Kohlenhydrate aus vollwertigem Getreide, Hülsenfrüchten und Gemüse bleiben diese vorzeitigen Hungermeldungen aus. Durch die längere Verwertung bleibt der Körper länger satt und Pausen können einfacher eingehalten werden.

DIE PAUSE MACHT DEN UNTERSCHIED. Wenn vier bis fünf Stunden zwischen den Mahlzeiten liegen, kann Fett, das aus überschüssiger Zuckerenergie umgewandelt wird, verstoffwechselt werden.

WARUM IST ES WICHTIG, ZWISCHEN DEN MAHLZEITEN PAUSEN ZU LASSEN?

Ständiges Snacken treibt den Insulinspiegel immer wieder nach oben. Die Verdauungsorgane benötigen Zeit für den Abbau der Nahrung und deren Verwertung. Ein Teil der Nahrung wird wieder ausgeschieden, eben das, was nicht benötigt wird. Unverdauliches wie Ballaststoffe oder unbrauchbare Begleitstoffe verlassen den Darm wieder. Die Verdauungsorgane Magen und Darm wie auch die Leber benötigen ausreichend Zeit für ihre Arbeit. Zusätzliche Nahrung blockiert und erschwert die Verwertung der Nahrung und überlastet die Organe. Darmprobleme, Bauchzwicken, ein übersäuerter Magen oder eine verfettete Leber können das Ergebnis sein. Bei ständig erhöhtem Insulinspiegel findet die Fettverbrennung nicht in ausreichendem Maß statt, sie verlangsamt sich, sodass Fett sich in der Leber ansammelt. Fett wird ja wie gesagt nur dann verstoffwechselt, wenn es ausreichend Pausen zwischen den Mahlzeiten gibt. Überschüssige Zuckerenergie wird somit in Fett umgewandelt, es sei denn, diese wird durch Bewegung verbraucht. Deswegen sollten mindestens vier bis fünf Stunden vergehen, bis wieder etwas gegessen wird.

GIBT ES AUCH GESUNDE ZUCKER?

Nein. Schließlich enthalten sämtliche Zuckerarten oder -alternativen Glukose und Fruktose. Es ist also nicht gesünder, anstatt auf Haushaltszucker auf Agavendicksaft, Honig, Ahornsirup oder Kokosblütenzucker zurückzugreifen. Es handelt sich zwar um hochwertige Zucker im Sinne von wenig verarbeitet und Bioqualität und manche dieser Alternativen haben tatsächlich einen geringeren Blutzuckerspiegel-Anstieg zur Folge. Jedoch würde man nur den einen Zucker durch einen vermeintlich gesünderen ersetzen. Am Ende der Stoffwechselkette bleibt aus allen Zuckeralternativen die Glukose übrig.

Langkettige Kohlenhydrate (Vollkornbrot, -nudeln, -reis, Nüsse, Hülsenfrüchte, Kartoffeln) halten den Blutzuckerspiegel halbwegs konstant, denn der Körper braucht länger, um den Vielfachzucker aus dem Blut abzubauen. **VOLLKORNPRODUKTE MACHEN LANGE SATT UND LIEFERN ENERGIE.**

Außerdem enthalten sie viele Ballaststoffe, die z.B. für eine gesunde Darmflora sorgen.

ABER NICHT ALLE KOHLENHYDRATE SIND „SCHLECHT" FÜR UNSEREN KÖRPER, ODER?

Vollkornprodukte, Nüsse, Hülsenfrüchte, Getreide, Reis und Kartoffeln sind in ihrem Aufbau nicht so einfach und so zügig durch die Enzyme zerlegbar. Ziel der Verdauung ist es, aus allen Kohlenhydraten die Einfachzucker Glukose oder Fruktose herzustellen. Diese werden durch den Darm in das Blut abgegeben. „Tröpfeln" die Einfachzucker in das Blut, dann läuft alles entspannt und nach Plan, der Blutzuckerspiegel steigt nur langsam an. Das Insulin braucht länger, um den Zucker in die Zellen zu transportieren. Der Blutzuckerspiegel fällt dann auch nicht so rapide ab. Man bleibt länger satt und hat kein Verlangen nach Essen zwischendurch. „Schießen" die Zucker allerdings ins Blut, weil diese aus vielen zuckrigen Lebensmitteln stammen und überdies auch noch oft verzehrt werden, dann hat Insulin einen Dauerauftrag.

ACHTUNG! *Viele Produkte, auf denen „zuckerfrei" steht, enthalten Zucker – nur unter einem anderen Namen.*

SIND ZUCKERFREIE PRODUKTE WIRKLICH ZUCKERFREI?

Nein. Es gibt viele Produkte, auf denen steht „zuckerfrei", „ohne Zuckerzusatz" oder „ungesüßt". Ein Blick auf das Zutatenverzeichnis zeigt, ob wirklich kein Zucker enthalten ist. So ist ungesüßtes Cappuccinopulver mit Süßmolkenpulver versetzt. Dieses wiederum besteht zur Hälfte aus Zucker, nur eben nicht aus kristallinem weißem Haushaltszucker. Nicht alles, was als zuckerfrei deklariert wird, ist also wirklich zuckerfrei. Deshalb sollten die Zutatenliste und Nähwerttabellen immer sehr genau gelesen werden.

DARF MAN BEIM ZUCKERENTZUG OBST ESSEN?

Ob man im Rahmen der Zuckerentwöhnung auch auf Obst verzichtet, das ja hauptsächlich Fruchtzucker – Fruktose – enthält, das darf jeder für sich entscheiden. Sehr reife Früchte enthalten mehr Zucker als nicht ausgereiftes Obst. Früchte mit einem niedrigen Fruchtzuckergehalt sind Beeren, Zitrusfrüchte, Nektarine oder Melone. Recht viel Zucker sind in Ananas, Weintrauben und reifen Bananen enthalten.

Früchte sind sehr gesund, denn sie enthalten viel Wasser, Vitamine, Mineralstoffe, Ballaststoffe und sekundäre Pflanzenstoffe wie Farb- und Aromastoffe. Gerade diese Begleitstoffe sind wichtig für die Gesundheit. Sie schützen unser Immunsystem. Und was den Fruktosegehalt betrifft, so ist die Wirkung im Stoffwechsel eine andere als bei industriell isoliert hergestellter Fruktose. Die Fruktose wird aus Obst nur zeitverzögert im Darm aufgenommen und belastet den Blutzuckerspiegel nicht so sehr, die enthaltenen Ballaststoffe und das Wasser aus dem Obst sorgen für einen moderaten Anstieg der Zuckerkurve im Blut.

Beim Obstverzicht kann der Ess-Alltag schnell langweilig werden und die Lust auf Süßes, die sich einstellen kann, bleibt unbefriedigt. Wenn der Heißhunger auf Süßes kommt, ist Obst besser als Schokolade. Die Challenge sollte nicht zur Qual werden und

FRUKTOSE AUS OBST IST IN VERBINDUNG MIT BALLAST- UND NÄHRSTOFFEN UNBEDENKLICH, *wenn nicht mehr als zwei Portionen am Tag gegessen werden.*

zweimal eine Handvoll Obst am Tag ist vertretbar. Das Obst sollte immer frisch gegessen werden und nicht verarbeitet sein. Das ist aus gesundheitlicher Sicht das Beste. Auch Smoothies sind nicht optimal. Häufig wird zu viel reifes Obst darin verarbeitet und so kommt eine große Zuckermenge zusammen. Da in Fruchtsäften keine Ballaststoffe enthalten sind, ist der Fruktosegehalt im Vergleich zu frischen Früchten höher. Trockenfrüchte und Dicksäfte weisen ebenfalls sehr hohe Fruktosewerte auf, daher sollten diese sehr sparsam verwendet oder während der Entwöhnungsphase komplett vermieden werden.

IST FRUCHTZUCKER AUS OBST BESSER ALS DER ÜBLICHE HAUSHALTSZUCKER?

Fruchtzucker ist nicht gleich Fruchtzucker. Für den menschlichen Organismus macht es einen deutlichen Unterschied, ob der Fruchtzucker aus Obst stammt oder Bestandteil eines Schokoriegels, Fertigkuchens oder Getränks ist. Wenn allerdings von Fruktose die Rede ist, geht es meist nicht um den Fruchtzucker einer Kirsche oder eines Apfels, sondern um hochkonzentrierten und industriell hergestellten isolierten Fruchtzucker oder Sirup. Es handelt sich um High Fructose Corn Syrup, abgekürzt HFCS, auch Maissirup genannt.

ACHTUNG! INDUSTRIELL HERGESTELLTER ISOLIERTER FRUCHTZUCKER ODER SIRUP (=HFCS, Maissirup, Isoglukose) IST GEFÄHRLICHER ALS ZUCKER.

Zu viel Fruktose führt dazu, dass das Sättigungshormon Leptin nicht mehr ausgeschüttet wird. **DADURCH ESSEN WIR IMMER MEHR.** Fruktose wird vom Körper sehr viel schneller in Fett umgewandelt als Glukose. Es kommt zu Leberverfettung, Fettleibigkeit, Insulinresistenzen, Typ-2-Diabetes und Bluthochdruck. Auch der Dünndarm ist mit zu viel Fruktose schnell überfordert.

FRUKTOSE FINDET SICH IN GROSSEN MENGEN UND HÄUFIG IN FERTIGEN LEBENSMITTELN UND SÜSSIGKEITEN, WARUM?

Reine Fruktose hat die doppelte Süßkraft von Traubenzucker. Sie wird in der Lebensmittelindustrie besonders gern eingesetzt, weil man damit effektiver süßen kann. Fruktose wird billig aus Mais hergestellt und als Fruktose-Sirup angeboten.

STIMMT ES, DASS FRUKTOSE OFT NICHT GUT VERTRAGEN WIRD?

Ja. Größere Mengen an Fruktose werden vom Dünndarm nicht vollständig durch Enzyme abgebaut und wandern weiter in den Dickdarm. Hier nutzen die vorhandenen Bakterien den Fruchtzucker als eigene Nahrung. Bei der Verwertung des Fruchtzuckers durch die Bakterien entstehen Gase und Wasser wird im Darm zurückgehalten. Das führt zu einem aufgeblähten Bauch und kann Durchfälle begünstigen.

> *Beim Verzehr von Fruktose setzt der Körper keine Sättigungshormone frei,* **DAS VERSTÄRKT DIE LUST AUF ESSEN.**

IST ES RICHTIG, DASS BESONDERS DIE FRUKTOSE ÜBERGEWICHT BEGÜNSTIGT?

Ja. Die Fruktose, die ins Blut gelangt, wird in der Leber zu Fett abgebaut. Ein großer Teil des Fettes, das auf diese Weise entsteht, gelangt wieder zurück in den Blutkreislauf und erhöht hier nicht nur die Blutfett- und Cholesterinwerte, sondern wird außerdem noch in den Fettdepots eingelagert.

Nicht umsonst trat im Oktober 2012 ein Gesetz in Kraft, das in Deutschland den Verkauf von Diabetikerprodukten verbot. Diabetikerprodukte, die mit dem Zuckeraustauschstoff Fruktose angereichert wurden, galten lange Zeit für diese Patientengruppe als ideal, weil Fruktose – anders als Glukose – weniger insulinunabhängig verwertet wird. Aber die Folgen eines zu hohen Fruktosekonsums sind Übergewicht und eine Leberverfettung.

Für den Verbraucher ist es nicht immer ersichtlich, dass Fruktose in hohem Maße den Lebensmitteln zugesetzt wird. Begriffe wie Maissirup, Fruchtextrakte, Invertzucker, Glukose-Fruktose-Sirup oder Fruchtsüße weisen auf den zugesetzten Fruchtzucker hin.

EINIGE GEWÜRZE, EIWEIß, SCHLAF UND BEWEGUNG MILDERN DAS SÜßVERLANGEN.

WAS HILFT DABEI, VOM ZUCKER LOSZUKOMMEN?

Es gibt einige **GEWÜRZE**, die aromatisch, scharf und süßlich schmecken und das Süßverlangen mildern. Dazu gehören: Nelke, Zimt, Vanille, Chili, Süßholzwurzel, Kardamom, Muskat, Koriander, Tonka-Bohnen und Rohkakao. Damit können Milchprodukte, Getreidegerichte und süße Eierspeisen verfeinert werden.

REICHLICH TRINKEN hilft, den Körper zufrieden zu machen, füllt die Zellen und transportiert Schadstoffe aus dem Körper. Wer nicht gern pures Mineralwasser trinkt, kann es mit Kräutern, Ingwer, Beeren oder Zitrusfrüchten aromatisieren. Auch ungesüßter Kaffee und Tee sind in Ordnung.

Außerdem hilft es, mehr **EIWEISS** zu essen. Eiweiß macht satt und zufrieden und beugt Heißhungerattacken vor. Viel Eiweiß steckt zum Beispiel in Fisch, Fleisch, Geflügel, Linsen, Käse, Eiern, Tofu, Nüssen, Getreideflocken, Sojaflocken, Kichererbsen und vollwertigem Getreide.

AUSREICHENDER SCHLAF ist wichtig. Durch Schlafmangel geraten die Hormone durcheinander, die den Hunger regulieren. Wer mehr schläft, isst weniger. Wer weniger schläft, isst mehr.

ZUR RUHE KOMMEN ist wichtig. Stresshormone verstärken das Verlangen nach Zucker. Beruhigte Nerven melden keinen Appetit.

BEWEGUNG verhilft zu einem besseren Körpergefühl, stärkt die Muskeln und hilft, Nährstoffe besser zu verwerten, vor allem Kohlenhydrate. Bewegung beruhigt und macht zufrieden, das Verlangen nach Essen lässt nach.

SICH EIN ZIEL ZU SETZEN und mit sich selbst eine Vereinbarung zu treffen hilft dabei, die Challenge durchzuhalten. Das Essen zu protokollieren sorgt dafür, den Überblick zu bewahren, und ist ein wichtiges Mittel zur Selbstbeobachtung. Ein bis zwei Wochen lang sollte alles aufgeschrieben werden, was gegessen wird. Danach reicht es, nur den Kohlenhydrat- und Zuckerverzehr zu dokumentieren.

Mit Fitnessarmbändern und den dazugehörigen Apps kann man Schlafqualität, Bewegung und Essen dokumentieren und beurteilen. Das ist hilfreich zur Erreichung persönlicher Ziele und steigert die Motivation.

WENN NUN DOCH DER HEISSHUNGER AUF SÜSSES KOMMT, WAS KANN ICH TUN?

ETWAS TRINKEN hilft oft. Manchmal ist es schwierig, Hunger und Durst zu unterscheiden, deshalb erst einmal zu energiefreien Getränken greifen: Ein Glas vom Lieblingsmineralwasser mit einer Scheibe Ingwer und Limette oder ein Glas gekühltes Kokoswasser. Etwas Bitteres wie Espresso oder ein Stück Grapefruit stimmen die Leber positiv. Eine kleine Portion Eiweiß mit Fett wie ein paar Nusskerne, ein Teelöffel Mandelmus, ein Stück Avocado, etwas Käse, ein gekochtes Ei, Rohschokolade oder ein ungesüßtes Milchprodukt, ungesüßter Sojajoghurt, ein Glas ungesüßte Nussmilch – all das kann helfen.

Sich die **ZÄHNE ZU PUTZEN** sorgt für ein Frischegefühl und lenkt vom Appetit ab. Raus in die Natur und die frische Luft tief einatmen oder einen lieben Menschen anrufen sind eine willkommene Abwechslung. Wer gerne rätselt, kniffelt oder sich geistig fordert, sollte diese Neigung jetzt nach Herzenslust ausleben. Zwischen Oberlippenrand und Nase liegt ein Akkupressurpunkt, der mit dem Zeigefinger 90 Sekunden lang massiert werden kann – auch das ist eine von vielen Möglichkeiten, von der Lust auf Süßes abzulenken.

„INFUSED WATER" MIT FRÜCHTEN hilft, den Heißhunger zu überbrücken.

EINIGE HABEN IN DEN ERSTEN ZWEI WOCHEN EINEN ETWAS SCHLECHTEREN ATEM, WENN SIE AUF ZUCKER VERZICHTEN. WAS KANN MAN DAGEGEN TUN?

Fehlen dem Körper Zucker bzw. Kohlenhydrate, stellt er durch den Umbau von Fetten sogenannte Ketonkörper als Glukoseersatz her. Dieser „Umstellungsprozess" kann ein bis zwei Wochen andauern. Die Ketonkörper verursachen einen sauer-aromatischen, etwas unangenehmen Atem. Dagegen hilft es, frische Kräuter zu kauen (Minze, Basilikum, Melisse, Petersilie, Salbei oder Thymian) oder sich ein Kräuter-Mundspray aus dem Bioladen zu besorgen. Auch Ölziehen vor dem Zähneputzen kann helfen. Dazu die Zunge mit einem Zungenschaber reinigen, anschließend einen Esslöffel Sesam- oder Kokosöl in den Mund nehmen, einige Minuten im Mund bewegen, durch die Zähne ziehen und saugen. Dann ausspucken und mit warmem Wasser nachspülen, anschließend die Zähne putzen.

WAS SOLLTE MAN WÄHREND DES ZUCKERENTZUGS UND MÖGLICHST AUCH DANACH VERMEIDEN?

ALLES, WAS ZUGESETZTEN ZUCKER ENTHÄLT: Bei Backwaren, Gummibärchen, Limonaden und Süßigkeiten versteht sich das von selbst. Aber auch Fertigmüslis, Müsliriegel, Cornflakes, Fruchtjoghurt, Ketchup, Balsamicoessig, Krautsalat, Fertigsoßen, Dosengemüse, eingelegtes Gemüse und viele weitere Fertiggerichte enthalten Zucker. Zuckerdetektivisch unterwegs zu sein und die Zutatenlisten immer genau im Blick zu haben, ist jetzt besonders wichtig.

ALLES, WAS KÜNSTLICH HERGESTELLTE FRUKTOSE (HIGH FRUCTOSE CORN SYRUP = MAISSIRUP) ENTHÄLT: Der künstliche Maissirup wird vielen industriell hergestellten Produkten wie Softdrinks, Kuchen und Schokoriegeln zugesetzt. Diese hochkonzentrierte, isolierte Fruktose gilt als dickmachend und gesundheitsgefährdend. Dazu gehören auch Produkte mit der Kennzeichnung „mit natürlicher Fruchtsüße", „Traubensüße" oder „mit Süße aus natürlichen Früchten".

ALLES, WAS KÜNSTLICHE SÜSSSTOFFE ENTHÄLT. Dazu gehören Aspartam, Saccharin, Sucralose, Acesulfam oder Stevia. Die Süßstoffe werden chemisch hergestellt, sind viel süßer als Haushaltszucker und werden kalorienreduzierten Speisen zur geschmacklichen Verbesserung zugesetzt.

ALLES, WAS INDUSTRIELL STARK VERARBEITET WURDE. Vielen Fertigspeisen wird Zucker als Geschmacksträger oder Konservierungsmittel zugesetzt. Aus diesem Grund sollte während der Challenge möglichst alles frisch und selbst zubereitet werden. Nur dann ist klar, was im Essen steckt. Bei fertigen Produkten überlässt man die Zusammensetzung der Industrie. Nicht nur Zucker verleitet uns, mehr zu essen, als wir möchten, auch Geschmacksverstärker, Aromastoffe und Stärke verleihen fertig verarbeiteten Lebensmitteln eine Extraportion „lecker".

WEISSMEHLPRODUKTE UND LEBENSMITTEL MIT HOHEM STÄRKEANTEIL: Das sind helle Brote und Brötchen, Backwaren und große Mengen an Nudeln – ersatzweise gibt es Nudeln aus Linsen, Kichererbsen, Soja oder aus vollwertigem Getreide. Weißmehl steckt auch in Pizzaböden und als Stärke in vielen Fertiglebensmitteln. Auch Gemüsemais enthält reichlich Stärke und sollte gemieden werden.

ALKOHOL IST APPETITANREGEND UND HAT EINEN HOHEN NÄHRWERT. Besonders in Cocktails und Mischgetränken findet sich noch Sirup. Alkohol wird vor allen anderen Nährstoffen verwertet und begünstigt Fetteinlagerungen.

TROCKENOBST ist zwar gesund, enthält jedoch auch viel Fruktose und kann den Darm unnötig belasten. Deshalb nur ganz wenig oder zum Süßen von Kuchen und Nachspeisen verwenden.

WAS IST WÄHREND DER ZUCKERENTWÖHNUNGSPHASE ERLAUBT?

KARTOFFELN sind erlaubt – noch besser ist es, sie zu kochen und anschließend aus den erkalteten Kartoffeln ein Gericht zu zaubern: Kartoffelsalat mit Gemüsebrühe oder Bratkartoffeln mit wenig Fett. Bei den abgekühlten Kartoffeln verändert sich die Stärke und kann nicht mehr verdaut werden.

VOLLWERTIGE BROTE UND BRÖTCHEN aus Dinkel, Weizen, Roggen und Hafer. Wirklich vollwertig heißt, dass das gesamte Getreidekorn vermahlen wurde. Vollwertige Backwaren gibt es in Bioläden, Biobäckereien, Biosupermärkten und Reformhäusern. Wichtig bei Getreide sind vor allem die Ballaststoffe, diese fördern die Verdauung und machen satt, sie regulieren Blutfett- und Blutzuckerwerte und bilden den Nährboden für eine gesunde Darmflora und somit ein intaktes Immunsystem. Ballaststoffe sitzen in den Randschichten der Getreidekörner. Vollkornprodukte enthalten reichlich Ballaststoffe. Brote können sehr einfach auch selbst hergestellt werden. Es gibt eine Auswahl an Brotbackmischungen, die vollwertig sind. Dennoch sollte man es mit dem Getreidekonsum nicht übertreiben. Gegen ein Frühstücksbrötchen und eine Scheibe Brot aus vollem Korn ist jedoch nichts einzuwenden. Sogenannte Eiweißbrote sind sehr kalorienreich und enthalten auch kleinere Mengen an Mehl, sind also nicht wirklich eine gute Alternative.

FLOCKEN AUS HAFER gehören zu den besten Lebensmitteln. Sie enthalten lösliche Ballaststoffe (Beta-Glucan) und Schleimstoffe, die sich schützend um die Magen- und Darmschleimhaut legen und sehr gut sättigen. Somit werden die Cholesterin- und Zuckerwerte gesenkt. Hafer enthält eine hohe Anzahl an Mineralstoffen und B-Vitaminen und kann täglich gegessen werden.

PSEUDOGETREIDE wie Quinoa, Amaranth, Hirse und Buchweizen sind erlaubt. Daraus können Backwaren hergestellt werden oder leckere Salate und Beilagen.

ALLE EIWEISSHALTIGEN TIERISCHEN LEBENSMITTEL wie Eier, Fleisch, Fisch, Geflügel, Käse, Naturjoghurt, Buttermilch, Kefir, Quark und Frischkäse sind gestattet.

HÜLSENFRÜCHTE wie Linsen, Kichererbsen, Soja, Lupinen, Bohnen, Erbsen sind gute Eiweißlieferanten und Sattmacher. Sie können im täglichen Speiseplan vielfältig verwendet werden, als Beilage, Salat, Suppen, Flocken oder Aufläufe.

FETTE UND ÖLE sind wichtig. Sie sollten jedoch hochwertig sein und mit Bedacht verwendet werden. Native Öle sollten nicht erhitzt, sondern lediglich erwärmt werden. Zum Braten eignet sich ein Raps- oder Nussöl. Sonnenblumenöl ist kein hochwertiges Öl, denn das Verhältnis der mehrfach ungesättigten Fettsäuren zueinander ist nicht optimal. Viel besser sind Leinöl, Kürbiskernöl und Traubenkernöl.

NÜSSE, KERNE, SAMEN liefern gute Fette und Eiweiße und sind gestattet. Man kann sie als Knabberei zwischendurch genießen, als Zugabe bei Fleischgerichten, oder geröstet über Salate streuen. Auch beim Kuchenbacken kann der Anteil der Nüsse und Eier zu Lasten der Zucker etwas erhöht werden.

KOKOSNUSSPRODUKTE UND NUSSMUS sättigen sehr gut und sind gesund. Sie können verbacken werden oder als Snack dienen. Kokosmilch ist in Kombination mit viel Gemüse und asiatischen Gewürzen sehr lecker.

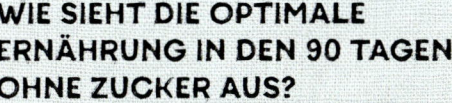

Jedes **GEMÜSE** ist erlaubt. Auch Salate sind willkommen.

OBST sollte fruktosearm sein. Zum Beispiel Beeren, Zitrusfrüchte, Aprikosen, Honigmelone, Papaya und Sauerkirschen. Ein bis zwei frische Obstmahlzeiten am Tag sind okay. Als Orientierung: Eine Portion ist das, was in der eigenen Hand Platz findet.

WIE SIEHT DIE OPTIMALE ERNÄHRUNG IN DEN 90 TAGEN OHNE ZUCKER AUS?

Zur Entlastung der Bauchspeicheldrüse sollten während der Umstellungsphase – und am besten auch danach – drei Mahlzeiten am Tag gegessen werden. Zwischen den Mahlzeiten sollten etwa vier bis fünf Stunden Esspause sein, also keine Snacks. Das hilft, den Blutzucker zu stabilisieren. Da die Menge an Zucker im Blut entscheidend für die Meldung „Hunger" ist, helfen die Pausen.

FRÜHSTÜCK

Morgens benötigen wir Energie. Die Nacht war ohne Nährstoffe und auch nachts wird Energie benötigt für das Träumen und zur Regeneration der Zellen und Muskeln. Die besten und effektivsten Energielieferanten am Morgen sind Kohlenhydrate. Am besten sind vollwertige, komplexe Kohlenhydrate oder Frühstücksflocken:

- Selbst gemachtes Müsli, Vollkornbrot oder Knäckebrot. Auf das Brot können Gemüse, Frischkäse, Käse, zuckerfreier Aufschnitt, Butter, Nussmus oder Fruchtaufstriche.
- Der Tag kann auch mit einem Omelette oder einem weich gekochten Ei starten.
- Erlaubt sind eine Handvoll frisches, fruktosearmes Obst genauso wie ein Glas Milch, Nuss-, Soja-, Reis-, Hafer- oder Mandeldrink. Milchprodukte wie Naturjoghurt oder Quark sind ebenfalls möglich.
- Ungezuckerte Getränke wie Mineralwasser, Kaffee oder Tee sind am Morgen optimal.

MITTAGSESSEN BIS 14 UHR

Bis etwa 14 Uhr können noch die komplexen, „langsamen" Kohlenhydrate gegessen werden, zum Beispiel aus Vollkorngetreide oder Hülsenfrüchten. Dazu sind kombinierbar: Fleisch, Fisch, Geflügel, Ei, Gemüse, Salat, Pseudogetreide, Reis, Kartoffeln, Salat, etwas Obst und Milchprodukte.

ABENDESSEN

In den ersten 90 Tagen sollten abends nur wenig bis keine Kohlenhydrate gegessen werden, und wenn, dann nur vollwertige komplexe Kohlenhydrate. Empfehlenswerte Lebensmittel für den Abend sind Fleisch, Fisch, Räucherfisch, Schinken, Geflügel, Gemüse und Salate, Käse, Milchprodukte, Hülsenfrüchte, Antipasti oder Eier.

Mind-Set-Up

DEN *inneren* Schweinehund ENTSPANNT FÜR SICH GEWINNEN!

Bevor es losgeht

Fabienne Bill

lebt ihre Berufung als Facilitator, Mental- & Team Coach. Ihre Leidenschaft ist es, Klienten und Teams in Unternehmen dabei zu helfen, den Fokus auf das Wesentliche zu legen, um wieder eine authentische Verbindung mit sich selbst und anderen einzugehen.

Durch ihre Erfahrungen aus 14 Jahren Vertriebs- und Strategieentwicklung in einem internationalen Umfeld sowie diversen Coaching-Aus- und Weiterbildungen hat sie ein gutes Gespür dafür entwickelt, vor welche Herausforderungen Menschen in und außerhalb von Organisationen gestellt werden.

Die Wahl-Mainzerin liebt die Welt und wohnte bereits in London, Auckland, Dublin und New York. Ihre Freizeit verbringt sie mit ihrer 5-jährigen Tochter, Familie und Freunden. Sie liebt Yoga und Tennis.

www.fabiennebill.com

Herzlich willkommen

zum zweiten Teil Deiner „Endlich zuckerfrei"-Erfahrung!

Der Teil, der Dir hilft, das, was Du bereits weißt, auch wirklich zu verinnerlichen. Der Teil, der am Ende darüber entscheidet, ob und wie Du diese Challenge bewältigst und Deine Ernährungsgewohnheiten änderst!

Teil 1 lieferte viele Informationen rund um das Thema Zucker. Was hast Du aus Teil 1 für Dich mitgenommen? Was war vielleicht sogar neu für Dich? Und was ist Dir als besonders bemerkenswert in Erinnerung geblieben?

An dieser Stelle kommt schon gleich mein erster ultimativer Tipp für Dich:

Wenn Du über diese oder ähnliche Fragen nachdenkst, dann **SCHREIBE DIR DEINE GEDANKEN UND ERKENNTNISSE AUF.** *Denn das hat einen ganz entscheidenden Vorteil:* **DU HAST SIE AUS DEINEM KOPF UND KAPAZITÄT FÜR NEUES.**

Wenn es Dir geht wie mir, dann weißt Du im Großen und Ganzen, warum es sich lohnt, für eine Weile zuckerfrei durchs Leben zu gehen. Die Vorteile liegen auf der Hand:

- Du fühlst Dich klarer im Kopf und körperlich fitter.
- Heißhungerattacken gehören der Vergangenheit an.
- Das Risiko, an Diabetes zu erkranken, sinkt signifikant.
- Du schläfst besser.

Dein Kopf weiß eigentlich ganz genau, was jetzt zu tun wäre, vor allem nachdem Du das erste Kapitel gelesen hast.

Doch jetzt kommt das große ABER! Die großen Zweifel setzen ein:

„Aber ich schaffe das nie! Ich bin süchtig nach Nutellabrot!"

„Aber wie soll ich das in meinen stressigen Tagesablauf integrieren? Vor allem, wo ich doch ständig unterwegs bin?"

„Aber was ist, wenn ich das nicht schaffe?"

Wahnsinn, was alleine die Vorstellung einer solchen Veränderung in uns hervorrufen kann, oder? Was passiert, wenn Du Dir vorstellst, einfach mal 90 Tage auf Zucker zu verzichten? Werden Deine Hände feucht? Kommt ein flaues Gefühl in Deinem Magen auf? Schlägt Dein Herz etwas schneller?

Unser Körper reagiert sofort auf unsere Gedanken. Auf die schönen und angenehmen, aber auch auf solche, die uns stressen.

Damit Du Dich von diesen Signalen nicht gleich abschrecken lässt und das Buch schnell wieder zur Seite legst mit der guten Absicht, es irgendwann mal zu versuchen (und dieses „Irgendwann" lässt meist auf sich warten), gibt es dieses „Mind-Set-up".

DAS MIND-SET-UP HILFT DIR, WENN DU ...

- verstehen willst, warum es so schwer ist, bestimmte gesundheitsförderliche Gewohnheiten nachhaltig in Dein Leben zu integrieren.
- lernen möchtest, wie das geht, und dass auch Du, *ja, Du*, es schaffen kannst, für eine Weile auf Zucker zu verzichten.
- Dich Deinen Ängsten stellen möchtest, um zu lernen, mit ihnen zu tanzen.
- entdecken willst, welche Glaubenssätze in Bezug auf ein gesundes und zuckerfreieres Leben Dich antreiben oder blockieren.
- dem inneren Schweinehund endlich mal die Stirn bieten willst!

Rein theoretisch kannst Du mit diesem Teil jede Veränderung in Dein Leben bringen, die Du Dir wünschst. (Also ist das Buch ein echtes Schnäppchen!)

Wie bereits erwähnt erfordert eine Veränderung immer eines: Deine Bereitschaft und Entscheidung, sie in Dein Leben zu lassen.

Eines haben wir immer:
DIE WAHL!

Die Wahl, **ETWAS ZU VERSUCHEN UND IN UNSEREM LEBEN ZU VERÄNDERN** *oder alles so zu lassen, wie es ist.*

Die Wahl, **UNSERE KOMFORTZONE ZU ERWEITERN, WEIL WIR UNS DAVON EINE BESSERE LEBENSQUALITÄT VERSPRECHEN,** *oder den Status quo so zu akzeptieren, wie er ist.*

Du hast Dich entschieden, dieses Buch zu kaufen. Was war das? Was hat in diesem Moment mit Dir geflirtet? Welche Veränderung sehnst Du Dir insgeheim herbei?

Willst Du ein paar Kilos verlieren? Nervt es Dich selbst, wie sehr Du an all dem Süßkram hängst, und willst Du Deiner Sucht ein Ende setzen? Oder bist Du einfach neugierig, wie es aussehen könnte, ohne (zumindest mit wesentlich weniger) Zucker im Alltag auszukommen?

Als Coach habe ich hunderte Menschen erfolgreich bei diesem Prozess begleitet und ihnen geholfen, die Veränderung in ihr Leben zu bringen, die sie sich so sehr ersehnten.

Sie alle haben meinen größten Respekt und absolute Hochachtung verdient! Denn sie haben sich entschieden, ihren inneren Schweinehund zu ignorieren und es einfach zu probieren.

Ist es immer leicht? Die ehrliche Antwort lautet: NEIN!

Denn sobald Du Deine Komfortzone ausweitest, Gewohnheiten und Rituale änderst, wird Dein innerer Schweinehund Alarm schlagen und Dir Argumente liefern, warum Du alles schön so lassen solltest, wie es ist. Das ist der Moment, in dem Du eine Entscheidung fällen musst: alles beim Alten lassen oder weitermachen?

Das Geheimnis, wie Du mit viel mehr Leichtigkeit dranbleiben und selbst in schwachen Momenten stark bleiben kannst, erfährst Du hier.

Dieser Teil ist quasi Dein persönlicher Coach in Papierform. Das war immer unser Wunsch, als die Idee, dieses Buch zu schreiben, heranreifte.

Dich bei der Hand zu nehmen. Dir Raum zu geben, all das, was Du in den nächsten Wochen erleben wirst, festzuhalten.

Deswegen haben wir eine Facebook-Community ins Leben gerufen, damit Du erkennst, dass Du nicht alleine bist, und Dein Selbstbewusstsein wachsen kann.

TIPP: *Solltest Du nicht auf Facebook sein, dann* SUCHE DIR MINDESTENS EINEN MENSCHEN, DER WIE DU AN DIESER CHALLENGE TEILNIMMT *und somit genau weiß, wovon Du redest.*

So ging es Andrea und mir damals auch. Zu wissen, dass wir uns gegenseitig „haben", hat enorm geholfen. Gerade an den Tagen, an denen es sehr hart war und ich kurz davor war, aufzugeben.

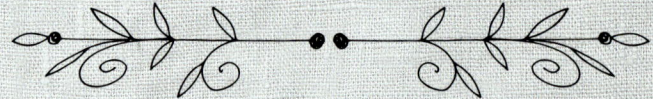

Darum ist aller Anfang schwer

Der Mensch ist ein Gewohnheitstier. Neue Gewohnheiten schleichen sich heimlich, still und leise ein. Und dann wirst Du sie nicht mehr los wie ungebetene Gäste, die selbst die klare Ansage, dass Du jetzt doch gerne ins Bett gehen möchtest und sie bitte gehen sollen, ignorieren.

Gewohnheiten und Routinen wie Zähneputzen, Frühstückvorbereiten etc. spulen wir ohne nachzudenken ab. Das ist wichtig für unser Gehirn, denn Routinen helfen uns, unzählige alltägliche Entscheidungen nicht mehr treffen zu müssen und mehr Kapazitäten zu haben für Wichtigeres.

Schwierig wird es jedoch, wenn Gewohnheiten zu Abhängigkeiten und Sucht werden. Um diese zu verändern, braucht man wesentlich mehr Antrieb.

Es gibt unzählige Arten von Sucht – Alkohol- und Drogensucht, Shopping-Sucht, Binge-Eating, Social-Media-Sucht.

Dass auch Zucker süchtig macht, hast Du im ersten Kapitel von unseren Experten ja bereits bestätigt bekommen.

Der Konsum von Zucker „triggert" unser Belohnungszentrum im Gehirn. Dadurch wird Dopamin (auch bekannt als das „Glückshormon") ausgeschüttet. Mit diesem „Stoff" fühlen wir uns erst mal gut, was unser schlaues Gehirn natürlich abspeichert und bei der nächsten Gelegenheit wieder „einfordert". Denn wir wollen diesen Kick gleich wieder erleben.

In anderen Worten – Dein System merkt sich: Abend, Sofa, TV = Zeit für Schokolade.

Ganz nach dem Pawlowschen Prinzip konditionieren wir uns dann ganz entspannt selbst.

Und da kommt die Herausforderung ins Spiel: Denn weshalb solltest Du etwas an diesem Ablauf verändern, wenn er Dir doch so ein tolles Wohlgefühl garantiert?

Es ist dieser Konflikt, der uns den Anfang so schwer macht. (Deswegen können gerade die ersten Tage so anstrengend und hart sein.)

Diese Gewohnheiten gilt es aufzulösen. Und das schaffst Du mithilfe dieses Buches!

Was braucht es also, um diese Challenge für Dich zu einem erfolgreichen Erlebnis werden zu lassen?

1) EIN POSITIV BELEGTES ZIEL!
Wirklich nachhaltige Veränderungen brauchen einen positiven Startpunkt. Je klarer und aufregender das Bild von Deiner Vision oder Deinem Ziel ist, desto leichter werden die ersten Schritte fallen. Und diesen Startpunkt wirst Du mithilfe dieses Kapitels für Dich definieren.

2) DEIN DENKEN MUSS SICH ÄNDERN!
Unsere Gedanken sind wie Samen, die auf die Erde fallen und nach und nach zu einer Pflanze oder einem Baum heranwachsen. Im Idealfall entwickelt sich etwas Schönes daraus. Das hängt aber ganz von der Beschaffenheit des Samens ab. Gerade in konfrontativen und stressigen Situation, in denen wir schnell den Kontakt zu unserer inneren Mitte verlieren, sind wir anfällig für Gedanken wie „Das schaffe ich nicht!". Und damit säst Du was? Genau, die Voraussetzungen dafür, dass Du es nicht schaffst!

Egal, ob Challenges wie diese oder andere Ziele, die Du Dir setzt – die meisten von uns werden von einem Alles-oder-nichts-Denken bestimmt, noch bevor wir überhaupt begonnen haben. Wir entwickeln vermeintlich hellseherische Fähigkeiten, die uns suggerieren, wie diese Challenge verlaufen wird. Und warum Du es eben nicht schaffen solltest.

Aus diesem Grund fühlen wir in unserem Mind-Set-up den Gedanken, die Dich immer wieder ausbremsen, auf den Zahn und eliminieren sie im Idealfall!

3) EINEN MASTERPLAN FÜR DEN AUFSTIEG

Vor einer wichtigen Veränderung sehen wir oft den Berg, der so massiv und fast schon erdrückend vor uns steht. Der erste Impuls ist: Wir schrecken zurück, weil wir glauben, dass er viel zu groß ist, um ihn zu besteigen. Genau aus diesem Grund setzen sich erfahrene Bergsteiger kleine Etappenziele. Und genau das machen wir auch!

Du siehst, Du bist hier in besten Händen, diese Challenge wirklich mit Klarheit und fast schon Leichtigkeit zu bestehen.

Du wirst Dich selbst noch besser kennenlernen und entdecken, welche Stärken und Kräfte da noch in Dir stecken. Du wirst aber auch lernen, Altes, das Dich vielleicht immer wieder davon abgehalten hat, mit voller Kraft vorauszugehen, loszulassen.

Nach dieser Challenge weißt Du garantiert eines:

ALLES IST FÜR DICH MÖGLICH!
Wirklich alles!

YOU DON'T HAVE TO TAKE THE WHOLE STAIRCASE, *just take the first step.*

MARTIN LUTHER KING JR.

Dein persönlicher „Zuckerfrei"-Plan

Da Du nun weißt, was genau in Deinem Gehirn und Unterbewusstsein passiert, wenn Du Gewohnheiten verändern willst, ist dies ein guter Zeitpunkt, um Dir Klarheit zu verschaffen.

Klarheit darüber, wie Deine persönliche zuckerfreie Zeit aussehen soll. Denn Du bist der Chef/die Chefin und bestimmst für Dich, wie Dein Leben ohne (oder mit wesentlich weniger) Zucker aussehen soll und wie lange Du das durchziehen möchtest.

SCHRITT 1

WANN IST DER RICHTIGE ZEITPUNKT? JETZT!

Ein Jahreswechsel (oder die Fastenzeit) ist immer ein guter Zeitpunkt. Ende 2015 entschieden Andrea und ich, ab dem 01.01.2016 für 90 Tage auf Zucker zu verzichten.

Der „perfekte" Termin kann jedoch auch schnell eine Ausrede werden!

Und da kennst Du Dich selbst am besten. Sehr oft höre ich von Klientinnen, die Träume Wirklichkeit werden lassen wollen: „Ich fange damit an, wenn …

- das Kind aus dem Haus ist."
- ich das Projekt zu Ende gebracht habe."

Wenn Du Gründe suchst, warum genau jetzt kein idealer Zeitpunkt ist, wirst Du immer welche finden.

Solltest Du Dich gerade bei solchen Gedanken erwischen, habe ich zwei ganz einfache Fragen für Dich:

- Wovor hast Du Angst? Was willst Du vermeiden? Was ist das Schlimmste, was passieren könnte? (Es vielleicht nicht zu schaffen? Absolute Ehrlichkeit ist hier ein Erfolgsfaktor!)
- Und wie wahrscheinlich ist es, dass das, wovor Du Angst hast bzw. was Du befürchtest, wirklich passiert? (Kannst Du wirklich wissen, dass Du es nicht schaffen wirst? Falls der Worst Case eintritt, was kannst Du dann immer noch tun?)

Im nächsten Kapitel wirst Du darauf eingestimmt und mit der Portion Motivation ausgestattet, die Du brauchst, um auch wirklich am Ball zu bleiben.

Hier mein Vorschlag: Du trägst jetzt hier ganz entspannt Deinen Wunsch-Starttermin für diese Challenge ein. Nicht mehr und nicht weniger. Danach markierst Du den Termin in allen von Dir genutzten Kalendern.

MIND-SET-UP

MEIN ZUCKERFREI-CHALLENGE-STARTTERMIN IST:

Super, klopf Dir jetzt schon mal auf die Schulter, dass Du diesen Schritt gegangen bist.

SCHRITT 2

WAS HEISST „ZUCKERFREI" FÜR DICH?

Kommen wir zum nächsten Punkt Deines Challenge-Plans:

Als ich diese Challenge vor zwei Jahren das erste Mal durchlief, war es jedem selbst überlassen, was Verzicht auf Zucker bedeutet. Wir waren eine kleine Gruppe auf Facebook, und wirklich jede(r) hatte eine andere Vorstellung davon, wie dieser Verzicht aussah.

Das wollen wir auch für Dich so halten, denn ich bin mir sicher, dass Du sehr gut weißt, was für Dich ein guter Plan ist.

Für einige in der Gruppe war es bereits eine Klippe, ohne Nutella in den Tag zu starten. Oder abends auf dem Sofa die Schokolade wegzulassen.

Ich hatte mir im ersten Jahr vorgenommen, auf Honig (ich war ein regelrechter Honig-junkie), alle raffinierten Zucker und Alkohol zu verzichten.

Allerdings hatte ich vor der Challenge zwei „Auszeiten" festgesetzt, weil ich wusste, dass Termine (Geburtstage) anstanden, zu denen ich gerne mit anstoßen wollte.

Im zweiten Jahr habe ich dann Weizenmehl in meine Liste aufgenommen. Was für mich, die so gerne mal hier ein Croissant und da eine Brezel isst, wirklich nicht ohne war.

Was ist es für Dich?

Worauf möchtest Du von Herzen gern einfach mal verzichten – obwohl Du weißt, dass es schwer werden wird?

Willst Du gleich das volle Programm? Oder Dich von Challenge zu Challenge herantasten? Du entscheidest!

Falls Dir das gerade schwerfällt, habe ich einen Vorschlag für Dich:

- Schau Dir an, worauf die Mitglieder der Facebook-Gruppe so verzichten, und suche Dir das aus, was Dich am meisten anspricht.
- Oder lies noch mal Kapitel 1 und prüfe, welche der wirklich miesen Zucker Du vielleicht aus Deinem Ernährungsplan streichen möchtest.

DARAUF WERDE ICH WÄHREND MEINER CHALLENGE VERZICHTEN:

Super! Na, kribbelt es vielleicht im Bauch? Oder werden Deine Hände gerade feucht? Das ist absolut normal. Atme einfach ganz bewusst in die Nervosität hinein und Du wirst sehen, dass sich das Gefühl innerhalb kürzester Zeit wieder legt.

ES GIBT ZWEI WEGE, IN DIE CHALLENGE ZU STARTEN:

„COLD TURKEY", was so viel heißt, wie: Ab dem von Dir festgelegten Tag verzichtest Du auf das, was Du für Dich festgelegt hast. Ohne Wenn und Aber.

Oder:

Du legst einen **„SLOW START"** hin, was bedeutet, dass Du die von Dir gewählten Zucker Tag für Tag mehr reduzierst.

Da gibt es kein Richtig oder Falsch. Du kennst Dich selbst am besten und hast ein Gefühl dafür, was für Dich ein guter Weg ist.

Andrea hatte im ersten Jahr einen „Slow Start" hingelegt, ich bin immer auf „Cold Turkey" gegangen.

Bei dem „Slow Start" ist wichtig, dass Du Dir ein Ziel setzt, wann der Zuckerkonsum auf null zurückgefahren wird.

SCHRITT 3

DER ZEITLICHE RAHMEN

Last but not least kommt jetzt der einfachste Teil, nämlich die Länge der Challenge. Da sind wir so frei und tragen für Dich 90 Tage ein!

WARUM 90 TAGE?

In der Persönlichkeitsentwicklungs-Branche kursiert die These, dass es genau 21 Tage dauert, eine neue Verhaltensweisen nachhaltig in den Alltag zu integrieren.

Dieses „Gerücht" entstand, weil der plastische Chirurg Maxwell Malta in den 1950er-Jahren herausfand, dass sich seine Patienten 21 Tage nach den OPs an die neue Situation gewöhnt hatten. Er forschte dazu weiter und machte seine These 1960 in seinem Bestseller „Psycho-Cybernetics" salonfähig.

In der Folge bedienten sich diverse Persönlichkeitstrainer und Selbsthilfe-Gurus dieser Theorie, änderten jedoch eine Kleinigkeit: Sie behaupteten, *genau* 21 Tage reichten aus, um Gewohnheiten zu ändern.

Ich glaubte das anfangs auch, habe aber an mir selbst und meinen Klienten schnell festgestellt, dass 21 Tage ein sehr ambitioniertes Ziel ist. Denn jede Person ist anders und geht mit anderen Voraussetzungen ins Rennen.

Laut einer im *European Journal of Social Psychology* veröffentlichten Studie dauert es im Durchschnitt zwei Monate, bis ein neues Verhalten zur Gewohnheit wird und automatisch abläuft.

Diese Studie bestätigt meine Vermutung, dass Faktoren wie bereits etablierte Gewohnheiten und individuelle Unterschiede zwischen den Testpersonen ebenfalls eine Rolle spielen.

Mit den 90 Tagen gehen wir AUF NUMMER SICHER!

Legst Du Deinen Fokus 90 Tage auf eine Sache, die langfristig einen positiven Einfluss auf Deine Gesundheit hat und Dich jünger aussehen lässt, dann steigt die Wahrscheinlichkeit, dass der Jo-Jo-Effekt ausbleibt, überproportional.

Auch wenn Dir 90 Tage jetzt so unerreichbar wie der Kilimandscharo vorkommen – bleib dabei. In den nächsten Kapiteln gehen wir gemeinsam von Etappe zu Etappe und Du wirst sehen, dass Du, ehe Du Dich versiehst, bereits auf dem Gipfel angelangt bist und mit einer herrlichen Aussicht belohnt wirst.

EINE SACHE IST NÄMLICH AUCH NOCH SEHR WICHTIG:
die Belohnung danach.

Denn unser Gehirn liebt Belohnungen und sucht nach Wegen, diese zu erhalten.

Schließe kurz die Augen und stell Dir vor, Du hast diese 90 Tage hinter Dir. Frage Dich nun:

Wie kann ich mich für diese Leistung ordentlich belohnen?

Was möchte ich mir danach gönnen?

Vielleicht ist es eine Massage? Ein wunderbares Essen in Deinem Lieblingsrestaurant? Ein Städtetrip? Ein Zeitschriften-Abo?

Egal was es ist, schreibe Dir hier auf, was Du Dir nach den 90 Tagen als Belohnung gönnen möchtest.

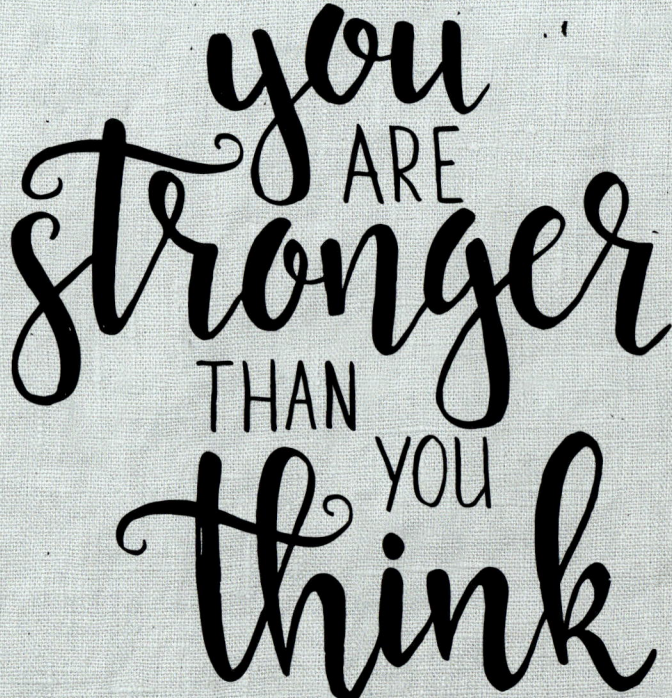

you are stronger than you think

So wirst Du es schaffen!

DEINE MENTALE ZUCKERFREI-AUSRÜSTUNG!

Bist Du auch Meisterin darin, Deinen Fokus auf all die Dinge zu richten, die Du nicht gut kannst? Vermutlich kennst Du diesen zermürbenden inneren Dialog, in dem Du Dir Deine Unfähigkeit bestätigst: Wenn Du in Deinen Augen einen Fehler gemacht hast, reibst Du ihn Dir immer wieder unter die Nase. So hast Du vielleicht schon mal eine Diät angefangen, die erste Zeit gut durchgehalten und Erfolge erzielt, doch dann bist Du nach ein paar Wochen wieder „rückfällig" geworden. Welche Botschaft setzt sich in Deinem Kopf fest? „Ich kann das nicht." Oder: „Warum versuch ich das, wenn ich danach eh wieder aussehe wie ein Marshmallow?" Das Beispiel „Diät" ist natürlich beliebig austauschbar.

(Falls ein Teil von Dir jetzt heftig mit dem Kopf nickt, sag ihm einfach kurz „Hallo". Schenke ihm aber keine weitere Beachtung!)

Ich will Dir nichts vormachen: DIE ERSTEN WOCHEN WERDEN HART!

Genauso hart muss es damals gewesen sein, als Du als kleines Kind Fahrradfahren oder Schwimmen gelernt hast. Ohne Dich zu kennen, gehe ich davon aus, dass Du es geschafft hast! Warum? Weil Dein Wille stark war. Du wolltest es unbedingt lernen, um Deinen Eltern und Freunden dann stolz zu zeigen, dass Du es kannst. Mal abgesehen davon, dass Du Dich so viel schneller fortbewegen konntest.

Den klaren Vorteil, den wir als Kids hatten: All diese miesepetrigen Stimmen und lästigen Bewertungen waren noch nicht in unserem Kopf. Das waren alles neue Erfahrungen. Es nicht zu schaffen war keine Option – dafür war der Wille viel zu stark.

Und genau darin besteht das Ziel des „Mind-Set-up": die Stimmen in Deinem Kopf „zurückzusetzen", die sich immer dann einstellen, wenn es Dir wichtig ist, etwas zu schaffen. Du wirst lernen, „stopp" zu sagen, wenn Du merkst, dass Du Dich gerade selbst runterziehst. Außerdem wirst Du Deine automatisierten Verhaltensabläufe und -prozesse besser verstehen lernen, damit Du sie bewusster steuern kannst.

Ja, das wird „Arbeit" und braucht Geduld, aber wir wollen es so spannend und abwechslungsreich wie möglich für Dich machen. Damit das besonders gut gelingt, lade ich Dich ein, mit Spaß an die Übungen zu gehen.

Als ich mich vor zwei Jahren das erste Mal der 90-Tage-Challenge gestellt habe, dachte ich fast den ganzen Tag ununterbrochen ans Essen. Mein Kopf war im absoluten Panikmodus. Ich konnte mich teilweise überhaupt nicht konzentrieren. Morgens schon überlegte ich, welches Mittagessen ich zubereiten sollte. Und was war nun mit dem längst zur Gewohnheit gewordenen „Nachmittagsteilchen"? Wie konnte ich das ersetzen? Was, wenn ich verhungere? Da war plötzlich ein Gedankenwirrwarr in meinem Kopf, den ich so gar nicht kannte.

Heute kann ich darüber lachen. In dem Moment fand ich das jedoch ganz schön anstrengend. Dennoch habe ich mir erlaubt, in diesem „Zustand" zu bleiben. Und hier kommen wir zu einem weiteren ganz entscheidenden Kniff. Es ist sehr wichtig, dass Du das während der Challenge immer wieder übst:

SICH SELBST ANNEHMEN UND WERTSCHÄTZEN

Denn sobald Du anfängst, an Dir selbst zu zweifeln oder Deinen emotionalen Zustand zu verurteilen, wird eine Abwärtsspirale in Gang gesetzt. Wie auf einer Rutsche mit extra Wasser und Seife geht es auf schnellstem Wege bergab – und du landest in einem übel stinkenden Sumpf, nicht in einer vitalisierenden Schlammpackung!

ALSO: „SELBSTWERT-SUPER-POWER-MODUS" AN!

Ohne dass ich Dich persönlich kennen würde, weiß ich, dass Du schon vieles in Deinem Leben erreicht hast! Und bestimmt war da die eine oder andere Sache dabei, von der Du anfangs gedacht hattest: „Das kriege ich nie hin!"

Nimm Dir nun drei bis vier Minuten Zeit für eine kleine Vorbereitungsübung:

Überlege, wann Du in Deinem Leben eine grundlegende Veränderung vorgenommen hast. Welche Herausforderung hat Herzrasen bei Dir ausgelöst, bescherte Dir feuchte Hände, weiche Knie oder eine zittrige Stimme?

Das Einzige, was Du in diesem Moment denken konntest, war: „Das schaffe ich nie!" oder „Wie um Himmels willen soll ich das hinbekommen?"

Und dann, kurze Zeit später, hast Du festgestellt: „Wow, ich habe es gepackt!"

Wie fühlte es sich an, als Du es dann geschafft hast? Warst Du stolz? Hast Du Freude verspürt? Begeisterung?

Wo hast Du das gefühlt? (Das ist übrigens eine Frage, die Du immer wieder von mir lesen wirst. Denn jeder Gedanke, jede Emotion spüren wir an einem bestimmten Ort in unserem Körper. Und wenn wir wissen, wo diese sitzen, können wir mit etwas Übung lernen, das ganz bewusst für uns zu nutzen, und unsere Emotionen viel besser steuern.)

DAS HABE ICH GESCHAFFT:

Und hier hast Du schon einen ganz wichtigen Beweis: Denn wenn Du während der nächsten 90 Tage mal an Dir zweifelst und denkst, „Das schaffe ich nicht!", dann schlage diese Seite hier auf und lies schwarz auf weiß, was Du alles schon geschafft hast. Deswegen ist auch diese Challenge für Dich machbar!

DEIN „WARUM"

Kennst Du einen Menschen, der durch nichts aus der Ruhe zu bringen ist? Der auch nach Niederlagen wieder aufsteht und weitermacht?

Der wie ein Fels in der Brandung steht, egal wie hoch die Wellen über ihm zusammenschlagen?

Führe Dir vor Augen: Was macht ihn oder sie aus? Welche Werte hat diese Person? Was genau bewunderst Du an ihr?

Ich wette, das, was diese Person auch unter widrigen Umständen so gelassen und unerschütterlich macht, ist ihr persönliches „Warum"!

Diese Person lebt nicht nur ganz bewusst nach ihren eigenen Wertvorstellungen, sie weiß auch ganz genau, was ihre Antriebskräfte oder Motive sind. Das Ego kann dabei auch mal hintanstehen, denn diese Werte sind ihr wichtiger als alles andere. Mit anderen Worten, sie sind nicht verhandelbar!

Hast Du auch schon mal etwas in Deinem Leben gemacht, von dem Du so überzeugt warst, dass nichts Dich von Deinem Ziel abbringen konnte?

Falls nicht, kann diese Challenge der Anfang sein!

Schließe die Augen. Atme dreimal bewusst in den Bauch ein und stell Dir und Deinem Unterbewusstsein folgende einfachen Fragen:

Warum will ich auf Zucker verzichten? Was ist mein (geheimer) Traum? Vielleicht ist es auch eine „Wut", die Dich antreibt. (So war es teilweise auch bei mir.)

Was ist es, was ich in meinem Leben haben will? Wie möchte ich mich dadurch fühlen?

Und dann verinnerliche noch einmal genau dieses Gefühl:

Stell Dir vor, Du hast Dein Ziel erreicht, die Challenge ist vorbei und Du empfindest genau das – was ist das für ein Gefühl? Stolz? Leichtigkeit? Liebe?

Wo sitzt das Gefühl, das gerade hochkommt? Je klarer das Bild, desto besser.

WARUM WILL ICH AUF ZUCKER VERZICHTEN?

DAS GEFÜHL, WELCHES DAS „WARUM" HERVORRUFEN WIRD:

Sobald Du Dein „Warum" hast, fängt Dein Verstand an, sich damit auseinanderzusetzen, wie Du das schaffen kannst. Und nicht erschrecken: Oft setzt in dem Moment Panik ein und macht sich in Dir breit. Wo in Deinem Körper spürst Du die Panik? Schicke den Atem zu dieser Stelle, halte die unguten Gefühle aus und Du wirst merken, wie sie, dunklen Wolken gleich, vorüberziehen und Du weitermachen kannst.

WAS DU GLAUBST, IST ENTSCHEIDEND!

Was ist das Erste, was Dir in den Kopf schießt, wenn Du an Zucker denkst?

Zucker ist …

oder

Zucker macht …

Wir haben alle unsere Prägungen, was Zucker angeht. Als Kind war er vielleicht die Belohnung für eine gute Leistung oder vorbildliches Verhalten. Oder Süßes wurde ganz bewusst limitiert, und Du hast gelernt, es Dir bei Freunden zu besorgen. Also hast Du vielleicht einen Glaubenssatz wie „Ich muss lügen, um Süßes zu bekommen." abgespeichert (vielleicht ein Grund, warum Du ein schlechtes Gewissen hast, wenn Du jetzt Süßes isst).

Oder es gab Süßigkeiten bei Euch im Überfluss und sie waren stets verfügbar, was Du genutzt hast, um damit Frust oder Kummer zu bekämpfen – mit dem belastenden Nebeneffekt, dass Du danach anfängst, Dich wieder schlecht zu fühlen, weil du zugenommen hast.

Und schon bist du in einem Teufelskreis gefangen. Du fühlst Dich schlecht. Also isst Du wieder (Zucker), um Dich für einen Moment gut zu fühlen …

Oder es ist einfach Gewohnheit geworden!

Ich hatte zum Beispiel eine Phase vor vielen Jahren, in der ich täglich einen halben Liter Cola getrunken habe. Damals war ich viel geschäftlich unterwegs und von daher immer wieder im Jetlag. Ich war der festen Überzeugung, dass Cola mich da rausholt. Was es sicherlich temporär auch getan hat. Aber ehe ich mich versah, war ich cola-abhängig! Auch wenn mein Verstand sehr wohl wusste, dass das ungesund ist und in einer Cola-Flasche die Süße von 40 Stück Würfelzucker steckt!

Still und leise schleicht sich diese Gewohnheit ein und ehe Du Dich versiehst, hat sie Dich und Dein Leben fest im Griff.

Die Werbung hämmert es uns täglich ein: Zucker versüßt unser Leben und zaubert ein Lächeln auf unsere Lippen. Lächeln tut gut und ist gesund, wer kann da widerstehen? Man muss sie nur oft genug hören, dann glaubt man die Botschaften der Lebensmittelkonzerne irgendwann auch!

Und diese Prägungen sitzen dann sehr, sehr tief.

So wie mich der Glaubenssatz „Cola hilft mir aus dem Jetlag" für eine ganze Weile in seinen Fängen hatte, halten wir täglich an unseren Überzeugungen fest. Manche sitzen an der Oberfläche, andere haben wir total verinnerlicht.

„Wenn ich Zucker esse, bin ich glücklich."

„Ohne Zucker habe ich keine Energie."

„Wenn ich Zucker esse, habe ich etwas gut gemacht und werde gemocht."

Was ist es bei Dir?

Welche festen Überzeugungen und Glaubenssätze blockieren Dich und machen es Dir so schwer, vom Zucker (und anderen ungesunden Angewohnheiten) loszukommen?

Im vorigen Kapitel haben wir von den Experten erfahren, dass Zucker auf unser Gehirn wirkt wie Kokain.

Warum nehmen wir Drogen? Warum betäuben wir uns freiwillig? Was steckt da ganz tief in uns und bringt uns dazu, der Realität entfliehen zu wollen? Diese Fragen haben es in sich.

MEIN ZUCKER-GLAUBENSSATZ:

Und jetzt, wo Du diesen Satz notiert hast: Betrachte ihn mit etwas Abstand. Was macht er mit Dir? Was kostet es Dich, an diesem Satz festzuhalten? Was ist das Gute an diesem Satz?

WELCHEN PREIS ZAHLE ICH DAFÜR, AN DIESEM GLAUBENSSATZ FESTZUHALTEN?

Und, ganz wichtig: Ist er wirklich wahr?

Angenommen, Dein Satz sagt Dir, dass Du nur glücklich sein kannst, wenn Du etwas Süßes isst, dann ist der Preis, den Du dafür zahlst, unter anderem Deine Gesundheit. Denn die leidet darunter.

Sich einer Sache bewusst zu werden, ist der erste wichtige Schritt. Und den bist Du gerade gegangen. Nun kommt der nächste Schritt.

Was willst Du mit diesem Glaubenssatz machen?

Was ist ein starker Gegenspieler dieses Satzes? Wie kannst Du ihn ins Positive transformieren?

Vielleicht ist es: „Ich habe immer genug Energie für das, was wichtig ist." Oder: „Ich gebe immer mein Bestes (und brauche keine Zucker-Belohnung)."

MEIN POWERSATZ:

Damit das nicht einfach ein schöner Satz bleibt, ist es wichtig, dass Du ihn verinnerlichst.

Auch hier haben wir ein kleines Video für Dich auf der Webseite www.zuckerissnicht.de zusammengestellt.

Falls Du es ohne das Video versuchen willst, mache Folgendes:

Schließe Deine Augen und stelle Dir den neuen Glaubenssatz vor.

Dieser Satz ist jetzt Deine neue Wahrheit. Horche in Dich hinein: Wie fühlst Du Dich mit diesem Satz als Leuchtturm? Wie stehst Du? Wie atmest Du? Was machen Deine Arme und Beine? Wie nehmen Dich Freunde und Familie wahr? Wie geht es Dir in Deinem Körper?

Stelle Dir diese Fragen immer wieder und tauche ein in dieses Gefühl. Verbinde den neuen Satz mit Deinem Körper.

Toll!

DU TRAINIERST HIER GERADE EINEN GANZ, GANZ WICHTIGEN MUSKEL!

Wir Menschen haben nämlich das Glück, dass unser Unterbewusstsein nicht unterscheiden kann, ob etwas gerade „in echt" passiert oder Du es Dir „nur" vorstellst.

Deine Vorstellungskraft ist Deine Superpower (nicht nur etwas, das Dich ständig zum Grübeln und Zweifeln bringt und Dich runterzieht).

DU BIST, WAS DU TUST!

Eben hatte ich es schon mal angedeutet, dass sich feste Rituale und Abläufe ganz „heimlich" einschleichen. Nur ein paar Abende gemütlich auf dem Sofa mit Deinem Lieblingsknabberzeug – und ehe Du Dich versiehst, machst Du das Abend für Abend. (So wie ich täglich meine Cola getrunken habe.)

Wie auch mit den Glaubenssätzen möchte ich Dir helfen, dass Du Dir Deine Gewohnheiten bewusst machst, denn nur dann kannst Du sie ändern.

Dazu lade ich Dich ein, gedanklich mal die letzte Woche Revue passieren zu lassen und zu prüfen: Welche Deiner „süßen Momente" sind schlechte Gewohnheiten geworden, Automatismen, die Dich im Nachhinein nur ärgern?

Sei absolut ehrlich mit Dir selbst.

MEINE SÜSSEN GEWOHNHEITEN:

Und genau wie mit den Glaubenssätzen legst Du jetzt für Dich festlegen, wie Deine neuen gesünderen, stärkenden und belebenden Gewohnheiten aussehen.

Beim gemütlichen Abend auf dem Sofa könntest Du Rohkost statt Chips knabbern, statt dem Schokoriegel nach dem Mittagessen trinkst Du einen Espresso oder naschst ein paar Nüsse – Deine Kreativität hat vollen Freiraum, sich hier auszutoben!

Also, schreibe hier auf, welche neuen Gewohnheiten Du Dir zulegen möchtest:

MEINE NEUEN GEWOHNHEITEN:

Vielleicht sind es bei Dir gar nicht irgendwelche bestimmten Rituale, die Dich zum Zucker greifen lassen, sondern eher emotionale Zustände. Werde Dir darüber im Klaren, in welchen Situationen Du typischerweise zu Zucker greifst. Nach dem Stress mit Kollegen oder dem Partner? Wenn Dein Gehirn auf Hochtouren läuft? Oder wenn Du traurig bist?

Um unangenehme Gefühle zu unterdrücken oder zu betäuben, weichen wir durch Essen oder das Trinken von Alkohol aus in eine Übersprunghandlung.

Auch hier ist es wieder wichtig, wohlwollend ehrlich auf Deine Muster zu schauen.

DANN GREIFE ICH AUCH ZU ZUCKER:

Mit diesen drei Schritten bekommst Du das emotional gesteuerte Naschen besser in den Griff:

1. Nimm für einen Moment die Emotion und den darauf folgenden Impuls, zum Naschzeug Deiner Wahl zu greifen, einfach nur wahr. Stell Dir vor, wie Du diesen Vorgang von außen beobachtest, so als wärst Du im Museum und betrachtest ein Gemälde, das Dich interessiert.

2. Atme! Atme ganz bewusst an den Ort in Deinem Körper, an dem dieses Gefühl sitzt. Du wirst sehen, nach drei bis vier Atemzügen ist das Gefühl wesentlich schwächer geworden oder sogar ganz verschwunden.

3. Beobachte Deine Gedanken und sage STOPP zu denen, die Dir weismachen wollen, dass Du jetzt unbedingt nach der Haribo-Tüte greifen solltest! Führe Dir Deine Vision wieder vor Augen.

Diese drei einfachen Schritte wiederholst Du jedes Mal, wenn die Emotionen mit Dir durchgehen. Du wirst sehen, im Laufe der Zeit kommt die innere Ruhe immer schneller. Allerdings brauchst du auf jeden Fall etwas Übung.

VISIONBOARD/ZIELE

So, und mit all den Übungen, die Du bereits gemacht hast, kommen wir jetzt zu dem kreativen und in meinen Augen wirklichen „Fun-Part"!

Egal ob Du von Dir glaubst, kreativ zu sein oder nicht, Du darfst Dich hier jetzt austoben.

Was du brauchst, ist Folgendes:

- Schere
- Tonpapier (DIN-A4, besser noch DIN-A3)
- alte Zeitschriften
- Kleber
- Buntstifte (optional)

Denn jetzt darfst Du Deine Ziele und Deine Vision aufs Papier bringen.

Was willst Du in den nächsten 90 Tagen erreichen?

Wie willst Du Dich fühlen?

Was soll sich verändern?

Wer willst Du auf diesem Weg sein? (Die mutige Kriegerin? Buddha? Hier geht es um die Qualitäten dieser Figur.)

Wer wird Dich begleiten?

Mache Dir kurz Notizen zu den Fragen. Nimm Dir dann Schere und Zeitschriften und schneide aus, was Dir ins Auge sticht. Vertraue dabei besonders auf Deine Intuition. Sie wird Dich leiten. Klebe die Bilder oder Wörter auf das Tonpapier.

Wer besonders mutig ist, kann sein 90-Tage-Zucker-Experiment-Visionboard der Facebook-Gruppe präsentieren!

Wenn Du fertig bist, schau Dein Kunstwerk an und freu Dich: Genau das wirst Du alles nach den nächsten 90 Tagen in Deinem Leben haben!!!

Schließ die Augen und stell Dir vor, dass das Deine neue Wahrheit ist. Versenke Dich richtig in diese Welt.

Ganz wichtig ist, dass Du dieses Visionboard sichtbar aufhängst an einem Ort, den Du täglich mehrmals aufsuchst (Bad, Kühlschrank, Toilette).

DIE ANDEREN STIMMEN

Du hast jetzt alles, was Du brauchst, um loszulegen. Du kennst Dein „Warum" für diese Zucker-Auszeit, hast eine Vision entwickelt und weißt, welche Deiner Glaubenssätze wirkungsvolle Anker sein werden, Dich durch die 90 Tage zu geleiten.

Und Du weißt, welche Routinen und emotionalen Zustände Dein Zuckerverlangen aktivieren und wie Du diese ausschaltest.

Die ideale Grundvoraussetzung, um Deine inneren Stimmen „umzustimmen".

An dieser Stelle möchte ich kurz auf eine andere Art von „Stimmen" eingehen, nämlich auf solche, die von außen kommen.

Erfahrungsgemäß werden die Leute große Augen machen, wenn Du erzählst, warum Du auf „ein kleines Stück Kuchen", das Glas Wein, ein Croissant verzichtest.

Du wirst in ungläubige Augen schauen oder auf Unverständnis stoßen. Das ist normal und macht nichts.

Ich schlage vor, dass Du diese Stimmen als Teil Deines persönlichen „Willensstärke-Entwicklungsprogramms" betrachtest. Denn jede zweifelnde Frage, jedes Sich-darüber-lustig-Machen ist eine weitere Möglichkeit für Dich, Dir über Deinen Standpunkt klar zu werden, Dir Dein „Warum" vor Augen zu führen und die anderen reden und denken zu lassen, was sie wollen.

Denn bei aller Kritik ist eines auf jeden Fall sicher:

ES HAT NICHTS MIT DIR ZU TUN!

Vielleicht runzelst Du jetzt die Stirn und fragst Dich, was ich damit meine.

Die Erklärung ist ganz einfach.

Wenn jemand von Deinem Projekt hört und Kritik daran äußert, dass Du auf etwas verzichtest, wo es doch Stunden gedauert hat, dieses leckere Essen zuzubereiten, wenn man es unmöglich findet, dass Du das nicht zu schätzen weißt, dann hast nicht Du ein Problem, sondern Dein Gegenüber! Dein „Nein" wird als persönlicher Angriff gewertet.

Vielleicht erinnerst Du ihn auch daran, dass er selbst schon seit Monaten immer wieder mal „etwas an der Ernährung verändern" wollte, es aber nicht getan hat. Da kommt natürlich gleich das schlechte Gewissen hoch – und das bringt nicht immer die besten Seiten am Menschen zum Vorschein. Hier geht es also um die Empfindungen der Person, die Dir gegenüber sitzt, nicht um Dich!

Atme bei solchen Reaktionen tief durch und sage Dir: „Auch das geht vorbei!"

Und ist es nicht toll, dass Du damit auch gleich lernst, noch klarer Nein zu sagen und für Dich und Deinen Selbstwert wichtige Grenzen zu setzen?

Das ist *Dein* Leben. Du hast entschieden, auf Zucker zu verzichten. Das heißt, Du wirst Nein sagen müssen. Und mit jedem Mal wird es einfacher werden.

Bei Andrea und mir rechnen die Leute mittlerweile damit, dass wir kein Dessert essen. Es ist nach der zweiten Challenge kein Thema mehr.

Also, lass Dich nicht von Deinem Weg abbringen durch anderer Leute Ängste, Neid oder Ignoranz. Jeder Mensch, der die Augen rollt, schenkt Dir eine Gelegenheit, zu üben, Dir selbst treu zu bleiben.

JETZT FEHLT NUR NOCH EINES – UND OHNE DAS WIRD ES WIRKLICH SCHWER.

Jetzt kennst Du Deinen Antreiber, Dein „Warum", hast die Glaubenssätze und Stimmen, die Dir auf dem Weg in die Quere kommen könnten, unter Kontrolle gebracht und eine klare Vision für Dich definiert!

Eigentlich ist alles da, was Du brauchst.

Eigentlich. Denn einen ganz wichtigen Punkt möchte ich Dir jetzt noch mit auf den Weg geben.

Es sind zwei Worte, genauer gesagt.

Worte, die Dich immer daran erinnern sollen, dass es nur darum geht, wenn man weiterkommen möchte! Und diese Worte sind:

MASSIVE ACTION!

All das, was Du Dir ausgemalt und vorgenommen hast, wird nichts weiter als eine nette Sammlung von Gedanken und Bildern in Deinem Kopf oder auf dem Papier bleiben, wenn Du nicht entsprechend handelst.

Denn nur mit dem ersten Schritt, gefolgt vom zweiten und dritten und so weiter, wirst Du das erreichen, was Du Dir so sehr für Dich und Dein Leben wünschst.

Und dass da etwas in Dir brennt, weiß ich, sonst würdest Du diesen Teil jetzt nicht lesen.

Vielleicht ist es die Verbesserung Deiner Lebensqualität. Ein besseres Körpergefühl. Endlich wieder besser schlafen. Selbstbestimmter zu sein.

Egal was es für Dich ist, was Dich tief im Inneren antreibt, an dieser Challenge teilzunehmen, Du wirst es nur erreichen, wenn Du losläufst.

Immer wieder sehe ich, wie Menschen ihre Ziele nicht erreichen, weil sie glauben, dass sie das nicht schaffen. Der Berg erscheint ihnen zu hoch. Anstatt loszugehen, wird dieser Berg vor ihrem inneren Auge immer größer, lohnt sich all die Mühe aus ihrer Sicht dann doch nicht, und sie streichen resigniert die Segel.

Damit das nicht passiert, hast Du in dem „Ziele"-Teil den Berg bereits in kleine Etappen aufgeteilt, wie das Bergsteiger im echten Leben tatsächlich machen. Denn der Weg ist bekanntlich das Ziel.

Wenn Du jetzt also den ersten Schritt gehst und auf Deinem Weg merkst, dass es schwer wird (und das wird es), habe ich eine tolle Affirmation von Louise L. Hay für Dich, die Dir helfen soll, bei Dir zu bleiben.

Denn ganz wichtig in diesem Prozess ist es, dass Du nicht anfängst, mit Dir zu hadern, und Dich damit selbst runterziehst. Das wäre nämlich der Anfang vom Ende.

„Ich liebe und achte mich. Ich erkenne mich selbst an. Ich bin gut so, wie ich bin. Ich behaupte mich und artikuliere meine Bedürfnisse. Ich nehme mein Leben in die Hand." *

Diese Challenge ist nicht „einfach nur" dafür da, dass Du auf Zucker verzichtest und in den Genuss all der positiven Nebenwirkungen kommst.

Diese 90 Tage sind auch Dein Weg zu mehr Selbstliebe. Denn mit der Entscheidung, Deine Lebensqualität zu verbessern, sagst Du Ja zu mehr Selbstliebe. Du sagst *Ja* zu Dir!

Es wird ein intensiver Prozess, der sich auf jeden Fall lohnt. Und je besser Du zu Dir selbst bist, desto tiefgreifender wirst Du diese Veränderung in Deinem Leben spüren.

Also: Denke gute Gedanken, wenn es Dir mal nicht gutgeht.

Wenn Du vom „Weg" abkommst, dann schlag ihn wieder ein, ohne Dich deswegen selbst zu zerfleischen.

Du bist es wert!

* Entnommen aus: Louise Hay: Körper und Seele. 64 Karten zur täglichen Arbeit mit Louise L. Hay © 2006 Allegria Verlag in der Ullstein Buchverlage GmbH

DIE 90-Tage Challenge

Es kann losgehen!

DER GROSSE TAG IST GEKOMMEN!

Bewusst atmen hilft immer! Nimm einen tiefen Atemzug und klopf Dir beim Ausatmen fest auf die Schulter. Denn Du hast durch das Beenden des zweiten Kapitels in „Mind-Set-up" bereits einiges bewegt und Dich damit in die Pole-Position gebracht.

Dieser Teil wird jetzt Dein treuer Begleiter für die nächsten 90 Tage sein. Denn hier trägst Du Deine Erlebnisse und Gefühle ein, die Du auf Deinem Erfolgsweg festhalten willst. Hier kannst Du alles „loswerden" und Dir in schwachen Momenten von der Seele schreiben, was genau es ist, das Dich zweifeln lässt. Dann bist Du es los und Deine Gedanken werden nicht mehr darum kreisen.

Da erfahrungsgemäß die ersten zwei bis vier Wochen die intensivsten sind, bekommst Du während dieser Phase viele Gelegenheiten, Dir Notizen zu machen und darüber zu reflektieren, was Dich bewegt und zu welchen Erkenntnissen Du gelangt bist.

Im zweiten und dritten Monat wirst Du dann schon mehr Routine im Umgang mit der Challenge haben und nicht mehr so viel Raum für Notizen benötigen. Falls doch, kannst du diese Seiten einfach kopieren und zu den bereits geschriebenen dazulegen.

Neben diesem Begleiter hast Du während Deiner 90-Tage-Challenge auch die Möglichkeit, Dich der geschlossenen „Zucker is(s) nicht"-Facebook-Gruppe anzuschließen. Dort tauschen die Teilnehmer sich rege über ihre Erfahrungen aus. Hast Du schon vorbeigeschaut? Falls nicht, klopfe gleich an, denn hier bekommst Du hundertprozentige Unterstützung und tolle Tipps, wenn mal ein Durchhänger kommt.

Ganz wichtig ist, dass auch Du siehst: Du bist nicht alleine. Da sind weitere wunderbar mutige Mitmenschen, die es sich zum Ziel gemacht haben, dem Zuckerkonsum die Stirn zu bieten.

Auf den folgenden Seiten kannst Du Deine ersten Tage und Deine Erfahrungen damit festhalten. Im Laufe der Challenge kannst Du immer wieder darauf zurückgreifen und Revue passieren lassen, welche Entwicklung Du in diesem Prozess bereits vollzogen hast.

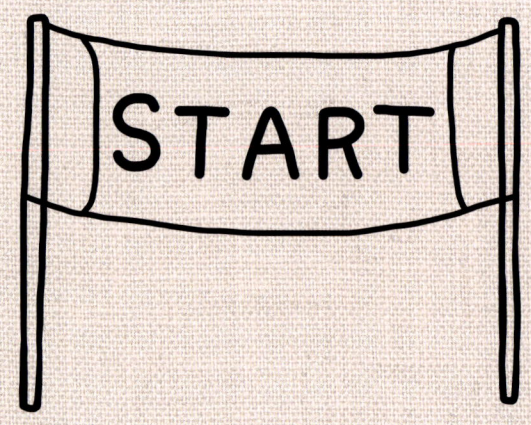

TAG 1-4

Wie geht es mir heute? Was war mein „High" oder „Low"?
Und was habe ich dadurch gelernt?

Worauf habe ich verzichtet?

Was war meine größte Herausforderung?

Was habe ich über mich gelernt?

Mit welchen inneren oder äußeren Stimmen sah ich mich konfrontiert?
Und wie bin ich ihnen begegnet?

TAG 5-10

Wie geht es mir? Welche Gedanken habe ich?

Was habe ich toll gemacht?

Welche Veränderung nehme ich an mir wahr? (Intensivere Träume? Weniger Heißhunger nach dem Essen? Veränderte Geschmackswahrnehmung?)

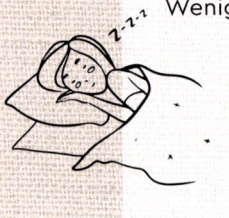

Was lerne ich gerade über mich und meinen Willen?

Wofür bin ich dankbar? Worauf bin ich stolz?

Wie geht es mir? An welchem Punkt der Bergbesteigung befinde ich mich gerade?

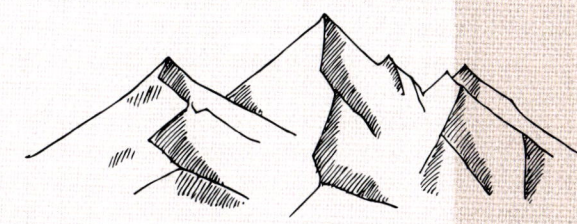

Zeit zu feiern! Du hast die ersten 14 Tage hinter Dir. Wie belohnst Du Dich?

Welche Herausforderungen habe ich gemeistert und was hat mir dabei geholfen?

Welche Stimmen sind gerade besonders laut? Wie beruhige ich sie wieder?

Highlights/Tiefpunkte?

Gewohnheiten, die ich erfolgreich geändert habe?

Das fällt mir gerade schwer und so will ich damit umgehen:

Meine Superpower ist:

Dafür bin ich dankbar:

Was habe ich über mich gelernt?

Darauf habe ich verzichtet:

Highlights/Tiefpunkte?

Okay, da habe ich geschummelt, aber jetzt geht's weiter!

Das lerne ich gerade über mich:

Diese Top-Tipps helfen mir am besten:

Das hätte ich nie gedacht, dass ich es schaffe:

Womit hadere ich? Wofür bin ich dankbar?

MONAT 2

Highlights/Tiefpunkte?

Okay, da habe ich geschummelt, aber jetzt geht's weiter!

Das lerne ich gerade über mich:

Diese Top-Tipps helfen mir am besten:

Das hätte ich nie gedacht, dass ich es schaffe:

Womit hadere ich? Wofür bin ich dankbar?

Diese Veränderungen an mir und meinem Körper nehme ich jetzt wahr:

Highlights/Tiefpunkte?

Okay, da habe ich geschummelt, aber jetzt geht's weiter!

Das lerne ich gerade über mich:

Diese Top-Tipps helfen mir am besten:

Das hätte ich nie gedacht, dass ich es schaffe:

Womit hadere ich? Wofür bin ich dankbar?

Diese Veränderungen an mir und meinem Körper nehme ich jetzt wahr:

Und was kommt danach?

FIRST THINGS FIRST …

Du hast es geschafft! Du hast an den 90 Tagen Dein Bestes gegeben, Dich zuckerfrei zu ernähren. Du hast Deinen eigenen Berg bestiegen, Schritt für Schritt.

DAS MUSS ERST MAL *gefeiert werden!*

In der Facebook-Community machen wir dafür eigens eine kleine Party. Aber auch wenn Du dort nicht unterwegs bist, ist jetzt ein perfekter Moment, Deine grandiose Leistung einfach mal zu feiern! (Innere Stimmen, die jetzt behaupten, dass das keine grandiose Leistung war, wollen im Ikea-Bällebad abgegeben werden!)

In Teil 1 des Kapitels „Mind-Set-up" hast Du notiert, wie Du Dich nach dieser Challenge belohnen willst.

Auf die Plätze, fertig – leg los. Buche die Massage, Yogastunde, abonniere Dein Lieblingsmagazin, „Massive Action" zählt auch hier.

Und dann habe ich noch einen Feier-Tipp für Dich: Erzähle mindestens fünf Leuten von Deiner außerordentlichen Leistung und was Du in den letzten 90 Tagen alles erlebt hast. Du wirst sehen, Deine Emotionen werden andere mitreißen.

Und wer weiß, vielleicht gewinnst Du für Deine nächste Runde ja weitere Verbündete.

So war es auf jeden Fall bei Andrea und mir. Unsere Euphorie hat dazu geführt, dass in unserem Freundes- und Bekanntenkreis immer mehr Leute mitmachen.

Und jetzt?

Das ist eine berechtigte Frage. Denn die letzten drei Monate hattest Du einen klaren Fokus: den Zucker aus Deinem Leben zu verbannen. (Führe Dir nochmals Dein „Warum", Deine Vision vor Augen.)

Du hast es geschafft!
ABER WIE GEHT ES JETZT WEITER?

Machst Du weiter wie vor der Challenge? Oder haben sich die neuen Gewohnheiten dermaßen manifestiert, dass Du weiterhin entspannt zuckerfrei leben kannst und möchtest?

Diese Entscheidung liegt ganz bei Dir. Dabei sollte Dich nicht kümmern, was früher einmal war. Soll heißen, es ist egal, ob Du schon mal den berühmten „Jo-Jo-Effekt" erlebt hast. Das liegt in der Vergangenheit. Wichtig ist, dass Du Deinen Fokus darauf legst, was Du wirklich willst.

Und was glaubst Du, was passiert, wenn Du jetzt immer wieder darüber nachdenkst, dass es damals nicht geklappt hat? Die Wahrscheinlichkeit, dass genau dasselbe wieder passiert, steigt enorm!

ALSO, *worauf legst Du Deinen Fokus?*

Vielleicht setzt Du Dir ein neues Ziel? Oder Du stoppst ganz bewusst die „Ich kann das nicht!"-Grübeleien?

Zu lernen, Dir wieder zu vertrauen, ist dann an diesem Punkt Deine nächste Lernaufgabe.

Und wie kannst Du das tun?

Weil es uns sehr am Herzen liegt, dass diese Challenge Dir wirklich nachhaltig mehr Lebensqualität und Lebensfreude liefert, folgt nun als Bonus unser Selbstvertrauen-Training.

IN SECHS EINFACHEN SCHRITTEN ZU MEHR SELBSTVERTRAUEN:

SCHRITT 1

Don't hide the story – RIDE THE STORY!

Schreibe auf, welche Erfolgsstory Du am Schluss dieser Challenge erzählen willst und warum Du fürchtest, es nicht zu schaffen. Horche so tief in Dich hinein, wie es geht. Denn da sitzt bestimmt der eine oder andere hartnäckige Glaubenssatz, der es Dir momentan nicht erlaubt, Dir selbst zu vertrauen.

SCHRITT 2

Schau Dir an, was Du aufgeschrieben hast. Prüfe, wie Du Dich dabei fühlst. Beobachte Deine Reaktion genau und stell Dir dann eine ganz einfache Frage:

Ist das wirklich wahr?

Stimmt es, dass Du _____ bist?
(Setze ein, was Du glaubst zu sein.)

Wenn Du diese Frage mit „Ja" beantwortest, dann lade ich Dich ein, noch mal ganz genau hinzuschauen und Dir die Frage erneut zu stellen. (Es kann gut sein, dass Dein Glaubenssatz ganze Arbeit leistet.)

Und wenn Du dann immer noch schlecht oder demotivierend über Dich denkst, dann lass mich Dir eine ganz simple Anweisung geben: STOPP!

SCHRITT 3

Ja, stoppe diese Gedanken. Das kannst Du. Das ist unser Vorteil, dass wir unsere Gedanken steuern können. (Unsere nächsten Verwandten, die Affen, brauchen das nicht, weil sie gar nicht erst wertend oder schlecht über sich selbst denken.)

Welche Gedanken verhelfen Dir jetzt, in diesem Moment, zu mehr Vertrauen und Zuversicht? Welche Vorstellungen und Ideen kommen Dir spontan? Schreibe sie hier auf:

SCHRITT 4

Schau Dir nochmals Deine Liste an, was Du bereits in Deinem Leben geschafft hast. (Und ergänze sie um die Erfahrungen der letzten 90 Tage.)

Und dann mache Dir bewusst, was Dir für die Zukunft wichtig ist in Deinem Leben. Warum ist das so wichtig für Dich?

SCHRITT 5

Überlege, wer Dich dabei unterstützen kann. (Du musst das nicht alles alleine stemmen!)

Wiederhole diese Schritte, wenn Du das Gefühl hast, es wird schwer!

SCHRITT 6

Die Story, die Du Dir über Dich selbst erzählst, sollte mit der Zeit nicht mehr so verbissen und unbarmherzig klingen.

Eines können wir Dir garantieren: Die Facebook-Community ist nach wie vor für Dich da!

make yourself proud

Zuckerfrei im Alltag

Was uns zu Beginn unserer ersten 90-Tage-ohne-Zucker-Challenge so gefallen hat, war die Freiheit, selbst zu entscheiden, was Leben ohne Zucker für jede von uns heißt.

Das Setzen eigener Standards hat auf jeden Fall eine Menge Druck herausgenommen. Was bedeutete, dass mehr oder weniger nur noch der Druck, den man sich selbst gerne macht, übrig geblieben ist.

Nach zwei Runden (also insgesamt sechs Monaten) ohne Zucker und Weißmehl haben Andrea und ich Folgendes festgestellt:

- Von Mal zu Mal wurde es einfacher.
- Der Jieper verschwindet ganz von alleine, ebenso wie die Heißhungerattacken nach Süßem.
- Freunde gewöhnen sich daran und blöde Fragen werden mit der Zeit weniger.
- Das Hautbild verbessert sich.
- Wir schlafen besser und tiefer.
- Die Konzentrationsfähigkeit ist um ein Vielfaches länger geworden.

Allein das gespürt und erlebt zu haben ist Motivation für uns, im Alltag weiterhin keinen bzw. so wenig Zucker wie möglich zu essen.

Ich hatte von Anfang an gesagt, dass ich auf mein geliebtes Spaghettieis niemals verzichten werde. Also esse ich immer mal wieder eines.

Und auch beim Besuch von Restaurants bestelle ich ab und an mal das ganz normale Dressing.

Du siehst, wir sind da keinesfalls dogmatisch. Und jede von uns weiß, wo ihr persönliches Limit zur Abhängigkeit von Zucker liegt.

Das konnten wir aber nur mithilfe dieser Challenge erfahren. Denn so haben wir den Vergleich.

Und eines hat sich für uns wieder einmal bestätigt: Was Du wirklich willst, wird sich in Deinem Leben manifestieren. Unsere Gedanken heute spiegeln sich wider in dem, was wir morgen oder in den nächsten Wochen in unserem Leben erreichen und wahrnehmen.

Wenn Du Dich also leicht und gut fühlen willst, dann braucht es Gedanken, die dies unterstützen. Und diese Gedanken kannst Du zu jeder Zeit frei wählen.

Du bist ein wunderbarer Mensch und hast es verdient, das Leben zu leben, das Dein Herz sich wünscht. Und ich sage ganz bewusst „Dein Herz", weil der Verstand oft besser zu wissen glaubt, was wirklich möglich ist. Sein Job ist es, uns Sicherheit zu vermitteln.

Die richtige Balance zwischen Herz und Verstand zu finden – das ist die Kunst.

Denk immer dran: Du kannst alles schaffen, was Du willst!

An dieser Stelle bedanke ich mich für Dein Vertrauen und Deinen Mut, hier mitzumachen. Es war mir eine Ehre.

Und wenn es Dir gefallen hat, dann sei einfach im nächsten Jahr ab dem 01.01. wieder mit dabei und bring noch Freunde mit. Denn in der Gruppe machen solche Grenzerfahrungen einfach mehr Spaß!

Florian Ballschuh

Für Florian Ballschuh stand schnell fest, dass er sein Hobby zum Beruf machen wollte. Er beendete seine Ausbildung zum Koch im Jahre 2010 in einem namhaften Hotel und Restaurant in Bad Reichenhall. Danach war er unter anderem als Koch für Tim Raue im gleichnamigen Restaurant und im Restaurant Mark Brandenburg des Hotels Hilton Berlin tätig. Inzwischen lebt Florian Ballschuh in Hamburg und arbeitet als selbstständiger Foodstylist im Auftrag verschiedener Werbeagenturen für Fernsehwerbung, Zeitschriften, Supermärkte, Plakatwerbung und Kochbücher.

Als wir Anfang 2016 das Experiment das erste Mal durchliefen, waren die brennendsten Fragen folgende: „Was kann ich denn überhaupt noch essen?", „Und was ist mit meinem gemütlichen Sonntags-Kaffee?" oder „Ich koche nicht gerne. Wird jetzt alles noch komplizierter?" Gehen Dir solche oder ähnliche Fragen auch durch den Kopf?

Du siehst, Du bist nicht alleine. Vielleicht liest Du auch zuallererst dieses Kapitel, weil Du sicherstellen möchtest, dass die Rezepte hier wirklich „machbar" sind.

Keine von uns ist eine große Köchin. Deswegen garantieren wir Dir eines:

Die Rezepte sind einfach!

Wenn wir sie machen können, dann kannst Du das auf jeden Fall.

EINFACH lecker süß

Der Koch und Foodstylist Florian Ballschuh hat leckere und gleichzeitig einfache Rezepte zusammengestellt, für die man üblicherweise Haushaltszucker nehmen würde. Fürs Frühstück Brot, Fruchtaufstriche, Nusscreme, Müsli, Overnight-Oats, Dressing für Salat, Ketchup, Tomatensoße, Eistee, Smoothies, Müsliriegel, Popcorn, Kuchen, Kekse, Desserts und Eis.

DU WIRST AUF NICHTS VERZICHTEN MÜSSEN!

Spannende, tolle Tage warten auf Dich, weil Du so viel Neues kennenlernst. Du kannst weiterhin Brot, Schokocreme und Kuchen essen. Sogar Eis. Wenn Du es selbst machst. Ohne Zucker.

Vielleicht wunderst Du Dich, warum wir keine Mittag- oder Abendessensrezepte zeigen. Wir gehen einfach davon aus, dass Du Dein Rührei zum Frühstück ohne Zucker isst. Und auch ein herzhaftes Mittag- oder Abendessen schaffst Du ohne Zucker zuzubereiten. Die findest Du auch in Deinen Lieblingskochbüchern.

An dieser Stelle legen wir Dir noch mal den Rat unserer Ernährungsexpertin Dr. Brigitte Bäuerlein ans Herz, in der Kernzeit des Experiments auch auf Zuckeralternativen wie Reissirup oder Kokosblütenzucker zu verzichten und den Zucker nicht durch andere Süßungsmittel zu ersetzen. So lernst Du, mit weniger Süße auszukommen. Sonst hast Du immer das Gefühl, etwas Süßes zu brauchen. Und selbst wenn die Alternativen den Blutzuckerspiegel nicht so stark ansteigen lassen wie Haushaltszucker – am Ende ist es trotzdem ein Zucker. Nur wenn wir weniger Zucker und Zuckerersatz essen, gewöhnen wir uns das Verlangen nach Süßem ab, unsere Geschmacksrezeptoren werden empfindlicher und uns reicht die natürliche Süße eines Lebensmittels.

Das muss aber nicht von heute auf morgen passieren. Du kannst ja langsam hineinwachsen in das Experiment und in den ersten Tagen oder Wochen noch Zuckeralternativen nehmen, wenn Dir das leichter fällt. Versuche dann aber, diese Alternativen auszuschleichen, sodass Du bald ganz auf sie verzichten kannst.

Auf den nächsten Seiten findest Du Rezepte mit Zuckeralternativen, die für den Einstieg und für die Zeit nach dem Experiment geeignet sind, wenn zum Beispiel Besuch kommt und Du einen süßen Kuchen backen willst. Für den Großteil der Challenge empfehlen wir Dir aber die Rezepte ohne Zuckeralternativen, damit Du lernst, mit weniger Süße auszukommen.

VIEL SPASS BEIM AUSPROBIEREN. *Du wirst überrascht sein, wie gut Süßes ohne Zucker schmecken kann.*

Wir würden uns freuen, in der Facebook-Gruppe „Zucker is(s) nicht!" von Dir zu erfahren, welche Rezepte Dir am meisten geholfen oder am besten geschmeckt haben!

Happy Cooking!
Deine Andrea & Fabienne

Himmlisch frühstücken

Morgens muss es manchmal schnell gehen, da bleibt nicht viel Zeit zum Vorbereiten des Frühstücks. Unsere Overnight Oats kannst Du schon am Abend vorher zubereiten – und morgens holst Du Dein gesundes und leckeres Frühstück einfach aus dem Kühlschrank. Wer morgens lieber etwas Warmes im Bauch haben möchte, bereitet sich ein köstliches Porridge zu. Unser Porridge-Rezept ist auf alle Oats übertragbar. Und die Crunchys sind ideal als Topping auf Joghurt mit Obst. Übrigens: Wer morgens warm isst, bleibt länger satt.

Buttermilch-Pancakes
Schoko-Nuss-Crunchy
Kokos-Nuss-Crunchy
Beeren-Nuss-Crunchy
Blaubeer-Bananen-Oats
Apfel-Zimt-Oats
Himbeer-Matcha-Oats
Espresso-Kirsch-Oats
Mango-Zitronengras-Porridge
Zwetschgen-Orangen-Oats
Schoko-Blaubeer-Oats

Buttermilch-Pancakes

Für 2 Personen

MIT ZUCKER-ERSATZ

DU BRAUCHST

250 g Weizen- oder Dinkelvollkornmehl

2 TL Backpulver

½ TL Natron

1 Prise feines Meersalz

300 ml Buttermilch

1 Ei

5 TL Bio-Reissirup

Butter zum Braten

Pro Portion etwa
630 kcal, 23 g EW, 6 g F, 111 g KH

SO GEHT'S

Mehl, Backpulver, Natron und Salz in einer Schüssel mischen. In einer zweiten Schüssel Buttermilch, Ei und Reissirup verrühren. Die Buttermilchmischung zur Mehlmischung gießen und unterrühren.

Etwas Butter in einer Pfanne erhitzen. Pro Pancake eine kleine Kelle Teig in die Pfanne geben und rund formen. Die Küchlein so lange braten, bis sich an der Oberseite kleine Bläschen bilden. Die Pancakes dann wenden und von der zweiten Seite ebenfalls braun werden lassen.

Die fertigen Pancakes aus der Pfanne nehmen und warm stellen. Den restlichen Teig ebenso braten.

Tipp: Zu den Pancakes passen alle Arten von Beeren und/oder Reissirup.

Schoko-Nuss-Crunchy

Für etwa 10 Portionen

OHNE ZUCKERERSATZ

DU BRAUCHST

350 g Nusskerne (z. B. Cashewkerne, Mandeln, Hasel-, Macadamia-, Para-, Pekan- oder Walnüsse)

4 EL Erdmandeln (oder ungesüßte Erdmandel-Blättchen)

2 EL Quinoa gepufft

2 EL Vollkorn-Buchweizen gepufft

2 EL Pinienkerne

2 EL Chiasamen

2 EL Leinsamen

2 EL Hanfsamen

2 EL Kürbiskerne

50 g Kokosöl

Mark von 1 Vanilleschote

1 kleine Prise feines Meersalz

2–3 EL Kakaonibs

gehackte Erythritol-Schokolade (nach Belieben)

Pro Portion etwa
364 kcal, 15 g EW, 29 g F, 8 g KH

SO GEHT'S

Den Backofen auf 120 °C (Ober- und Unterhitze) vorheizen, ein Backblech mit Backpapier belegen. Die Nusskerne im Mixer grob zerkleinern. Die Erdmandeln mit einem scharfen Messer halbieren. Dann Nüsse, Erdmandeln, Samen und Kerne in einer Schüssel mischen.

Das Kokosöl schmelzen. Mit Vanillemark und Salz zum Nussmix geben und gut untermischen. Die Mischung auf dem Blech verteilen und im Ofen (Mitte) 25 Minuten rösten. Zwischendurch immer wieder auflockern. Nach 20 Minuten die Kakaonibs über das Crunchy streuen und 5 Minuten weiterrösten.

Aus dem Ofen nehmen und das Kakaopulver über das warme Röstmüsli streuen. Alles nochmals gut mischen und abkühlen lassen. Wer es noch schokoladiger mag, mischt gehackte Erythritol-Schokolade unter. Das Crunchy in einer Vorratsdose aufbewahren.

Tipp: Ich esse das knusprige Schokomüsli am liebsten mit frischen Blaubeeren, Brombeeren oder Erdbeeren.

HIMMLISCH FRÜHSTÜCKEN

Kokos-Nuss-Crunchy

Für etwa 10 Portionen

OHNE ZUCKERERSATZ

DU BRAUCHST

350 g Nusskerne (z. B. Cashewkerne, Mandeln, Hasel-, Macadamia-, Para-, Pekan- oder Walnüsse)

2 EL Quinoa gepufft

2 EL Vollkorn-Buchweizen gepufft

2 EL Chiasamen

2 EL Kastanienflocken

1 EL Sesam

2 EL Sonnenblumenkerne

8 EL Kokoschips (keine Kokosraspel)

50 g Kokosöl

1 Prise gemahlener Kardamom

1 Prise gemahlene Vanille

1 Prise gemahlener Zimt

Pro Portion etwa
380 kcal, 15 g EW, 29 g F, 11 g KH

SO GEHT'S

Den Backofen auf 120 °C (Ober- und Unterhitze) vorheizen, ein Backblech mit Backpapier belegen. Die Nusskerne im Mixer grob zerkleinern. Dann Nüsse, Samen und Kerne in einer Schüssel mischen.

Das Kokosöl schmelzen, über den Nussmix träufeln und gut untermischen. Die Mischung auf dem Blech verteilen und im Ofen (Mitte) 25 Minuten rösten. Zwischendurch immer wieder auflockern.

Aus dem Ofen nehmen und Kardamom, Vanille und Zimt über das warme Röstmüsli streuen. Alles nochmals gut mischen und abkühlen lassen. Das Crunchy in einer Vorratsdose aufbewahren.

Beeren-Nuss-Crunchy

Für etwa 10 Portionen

OHNE ZUCKERERSATZ

DU BRAUCHST

350 g Nusskerne (z. B. Cashewkerne, Mandeln, Hasel-, Macadamia-, Para-, Pekan- oder Walnüsse)

2 EL Quinoa gepufft

2 EL Vollkorn-Buchweizen gepufft

2 EL Buchweizenkeimlinge (Reformhaus oder Internet)

2 EL Kastanienflocken

2 EL Chiasamen

2 EL Leinsamen

2 EL Kürbiskerne

50 g Kokosöl

Mark von 1 Vanilleschote

200 g getrocknete Beeren (Cranberrys, Aronia-, Goji- oder Maulbeeren)

Pro Portion etwa
402 kcal, 14 g EW, 25 g F, 26 g KH

SO GEHT'S

Den Backofen auf 120 °C (Ober- und Unterhitze) vorheizen, ein Backblech mit Backpapier belegen. Die Nusskerne im Mixer grob zerkleinern. Dann Nüsse, Samen und Kerne in einer Schüssel mischen.

Das Kokosöl schmelzen. Mit dem Vanillemark zum Nussmix geben und alles nochmals gut vermischen. Die Mischung auf dem Blech verteilen und im Ofen (Mitte) 25 Minuten rösten. Zwischendurch immer wieder auflockern.

Das Crunchy aus dem Ofen nehmen und abkühlen lassen. Danach die getrockneten Beeren untermischen und das Crunchy in einer Vorratsdose aufbewahren.

Tipp: Die getrockneten Buchweizenkeimlinge sind sehr leicht verdaulich und enthalten viele Nähr- und Vitalstoffe. Darüber hinaus unterstützt ihr Ballaststoffanteil eine gesunde Verdauung. Gekeimter Buchweizen ist frei von Gluten und Cholesterin. Leicht angeröstet schmeckt er schön nussig.

HIMMLISCH FRÜHSTÜCKEN

Blaubeer-Bananen-Oats

Für 2 Portionen

OHNE ZUCKER-ERSATZ

DU BRAUCHST

250 g Blaubeeren

150 ml Kokosnussdrink

1 reife Banane

60 g Haferflocken

3 EL Chiasamen

2 EL Kokoschips

Pro Portion etwa
432 kcal, 11 g EW, 18 g F, 47 g KH

SO GEHT'S

Die Blaubeeren waschen und abtropfen lassen. Dann 200 g Blaubeeren mit 20 ml Kokosnussdrink pürieren.

Die Banane in einer Schüssel mit einer Gabel zu Mus zerdrücken. Haferflocken, Chiasamen, Kokoschips und den restlichen Kokosnussdrink zugeben. Alles gut vermischen.

Die Hälfte der Haferflockenmischung in ein Glas füllen, 2 EL Blaubeerpüree und einige Blaubeeren daraufgeben. Die restliche Flockenmischung daraufschichten, mit dem übrigen Beerenpüree bedecken und die restlichen Beeren als Topping daraufstreuen. Das Glas mit Frischhaltefolie abdecken und über Nacht in den Kühlschrank stellen.

Apfel-Zimt-Oats

Für 2 Portionen

OHNE ZUCKERERSATZ

DU BRAUCHST

1 süßer Apfel

Saft von ½ Zitrone

150 ml Haferdrink

2 EL Mandelsplitter

1 Prise gemahlener Zimt

60 g Hafer- oder Dinkelflocken

1 EL Leinsamen

3 EL Chiasamen

Mark von 1 Vanilleschote

Pro Portion etwa
423 kcal, 13 g EW, 22 g F, 36 g KH

SO GEHT'S

Den Apfel waschen, entkernen und in kleine Würfel schneiden. Die Würfel mit dem Zitronensaft mischen. Dann die Hälfte der Apfelwürfel mit 20 ml Haferdrink pürieren, den Rest beiseitestellen.

Die Mandelsplitter in einer kleinen Pfanne anrösten. Die Hälfte davon beiseitestellen. Übrige Apfelwürfel und Zimt in die Pfanne geben und anrösten, bis die Apfelwürfel goldbraun sind. (Nicht zu lange in der Pfanne lassen, sonst werden die Würfel matschig!)

Haferflocken, Leinsamen, Chiasamen, geröstete Mandelsplitter und Vanillemark in eine Schüssel geben. Restlichen Haferdrink und Apfelpüree zufügen und alles verrühren.

Die Flockenmischung und die Apfel-Mandel-Mischung abwechselnd in ein Glas schichten. Das Glas mit Frischhaltefolie abdecken und über Nacht in den Kühlschrank stellen.

HIMMLISCH FRÜHSTÜCKEN

Himbeer-Matcha-Oats

Für 2 Portionen

MIT ZUCKERERSATZ

DU BRAUCHST

200 g TK-Himbeeren

abgeriebene Schale und Saft von ½ Bio-Limette

150 ml Mandeldrink

60 g Haferflocken

1 EL Leinsamen

3 EL Chiasamen

3 g Matchapulver

1 EL Bio-Reissirup

5–6 frische Himbeeren

Pro Portion etwa
329 kcal, 12 g EW, 14 g F, 31 g KH

SO GEHT'S

Die Himbeeren auftauen lassen. Dann mit Limettenschale, Limettensaft und 20 ml Mandeldrink pürieren.

Haferflocken, Leinsamen, Chiasamen und Matchapulver in einer Schüssel mischen. Den restlichen Mandeldrink und den Reissirup unterrühren. Die Flockenmischung in ein Glas füllen und mit dem Himbeerpüree übergießen.

Die frischen Himbeeren bei Bedarf waschen, trocken tupfen und als Topping daraufstreuen. Das Glas mit Frischhaltefolie abdecken und über Nacht in den Kühlschrank stellen.

Espresso-Kirsch-Oats

Für 2 Portionen

MIT ZUCKERERSATZ

DU BRAUCHST

30 g fettarmer Joghurt

80 g Süßkirschen (ohne Stiele und Kerne gewogen, oder TK-Kirschen)

60 g Haferflocken

1 EL Leinsamen

3 EL Chiasamen

Mark von 1 Vanilleschote

½ TL gemahlener Kardamom

80 ml Mandeldrink

30 ml frisch gebrühter Espresso

1 TL Bio-Reissirup

Pro Portion etwa
305 kcal, 11 g EW, 14 g F, 30 g KH

SO GEHT'S

Den Joghurt mit etwa 60 g Kirschen pürieren. Haferflocken, Leinsamen, Chiasamen, Vanillemark und Kardamom in einer Schüssel mischen. Mandeldrink, Espresso und Reissirup dazugießen und alles nochmals gut mischen.

Die Flockenmischung in ein Glas füllen, gleichmäßig mit der Kirschcreme bedecken und mit den restlichen Süßkirschen bestreuen. Das Glas mit Frischhaltefolie abdecken und über Nacht in den Kühlschrank stellen.

Mango-Zitronengras-Porridge

OHNE ZUCKERERSATZ

Für 1 Person

DU BRAUCHST

¼ Mango (oder 1 kleine Handvoll TK-Mangostücke)

125 ml Kokosnussdrink

1 Stängel Zitronengras

40 g Haferflocken

1 ½ EL Chiasamen

1 EL Kokoschips

1 Prise feines Meersalz

Pro Portion etwa
395 kcal, 11 g EW, 18 g F, 40 g KH

SO GEHT'S

Die Mango schälen und das Fruchtfleisch in kleine Stücke schneiden (tiefgekühlte Mangostücke auftauen lassen). Zwei Drittel davon mit 20 ml Kokosnussdrink pürieren.

Das Zitronengras mit einem Messergriff weich klopfen, damit es sein volles Aroma abgibt. Das zerdrückte Zitronengras mit dem restlichen Kokosnussdrink in einem kleinen Topf einmal aufkochen lassen. Haferflocken, Chiasamen, Kokoschips und Salz einrühren und bei schwacher Hitze 4 Minuten köcheln lassen.

Danach das Zitronengras herausnehmen und das Porridge in eine Schale füllen. Das Mangopüree und die restlichen Mangostücke darauf anrichten.

Tipp: Du kannst alle Overnight Oats wie hier als warmen Haferbrei zubereiten. Dafür werden Flocken, Samen, Kerne und 1 Prise Salz kurz in der Flüssigkeit gekocht. Danach rührst Du die restlichen Zutaten unter oder streust sie als Topping darauf. Bitte beachte, dass die Haferflocken beim Kochen etwa 100 ml mehr Flüssigkeit benötigen als jeweils angegeben. Die Overnight Oats schmecken auch ohne Reissirup, sind dann aber weniger süß.

Zwetschgen-Orangen-Oats

Für 1 Person

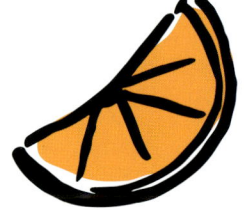

OHNE ZUCKER-ERSATZ

DU BRAUCHST

100 g Zwetschgen oder reife Pflaumen

1 Orange

1 Prise gemahlener Zimt

1 Prise gemahlener Kardamom

60 g Haferflocken

1 EL Leinsamen

3 EL Chiasamen

120 ml Haferdrink

Pro Portion etwa
590 kcal, 22 g EW, 25 g F, 50 g KH

SO GEHT'S

Die Zwetschgen waschen, entkernen und klein schneiden. Die Orange halbieren und eine Hälfte auspressen. Zwetschgen, Orangensaft, Zimt und Kardamom pürieren.

Zwetschgenpüree, Haferflocken, Leinsamen, Chiasamen und Haferdrink in einer Schüssel vermischen. Die Flockenmischung in ein Glas füllen.

Die zweite Orangenhälfte dick schälen, dabei auch die weiße Innenhaut mit entfernen. Dann die Orangenfilets zwischen den Trennhäutchen herausschneiden. Die Orangenfilets auf die Flockenmischung legen, das Glas mit Frischhaltefolie abdecken und über Nacht in den Kühlschrank stellen.

Schoko-Blaubeer-Oats

Für 1 Person

MIT ZUCKER-ERSATZ

DU BRAUCHST

250 g Blaubeeren

60 g Erythritol-Zartbitterschokolade

60 g Haferflocken

1 EL Quinoa gepufft

3 EL Chiasamen

2 EL gehackte Haselnüsse

150 ml Haselnussdrink

1 EL Bio-Reissirup

Pro Portion etwa
1118 kcal, 26 g EW, 60 g F, 105 g KH

SO GEHT'S

Die Blaubeeren waschen und abtropfen lassen. Dann 200 g Beeren pürieren und beiseitestellen. Die Schokolade hacken.

Haferflocken, Quinoa, Chiasamen und Haselnüsse in eine Schüssel geben. Mit Haselnussdrink und Reissirup übergießen und alles gut vermischen.

Die Hälfte der Haferflockenmischung in ein Glas füllen. Die Hälfte des Beerenpürees daraufgeben und die Hälfte Schokostückchen daraufstreuen. Restliche Flockenmischung, Püree und Schokolade ebenso einschichten. Die übrigen Beeren als Topping daraufstreuen. Das Glas mit Frischhaltefolie abdecken und über Nacht in den Kühlschrank stellen.

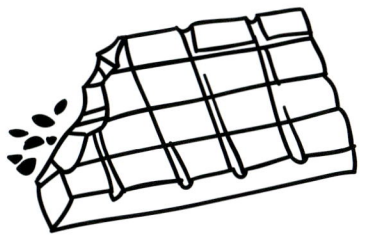

HIMMLISCH FRÜHSTÜCKEN

Brot und Aufstrich

Die meisten gekauften Brote enthalten Zucker und Weizenmehl.
Du kannst Brot ohne diese Zutaten aber ganz einfach selbst backen.
Das schmeckt so lecker! Und Du kannst ohne schlechtes Gewissen sündigen
mit unseren süßen Schoko-, Nuss- oder Fruchtaufstrichen.

Vollkornbrot
Emmer-Dinkel-Brot mit Möhren
Nussbrot
Tomaten-Rosmarin-Brot
Himbeer-Chai-Fruchtaufstrich
Mango-Orangen-Fruchtaufstrich
Erdbeer-Vanille-Fruchtmus
Quitten-Kumquat-Fruchtmus
Schokocreme (by Oskar Stumpf)
Haselnusscreme
Erdnussbutter

Vollkornbrot

Für 1 Laib

OHNE ZUCKER-ERSATZ

DU BRAUCHST

250 g Dinkelvollkornmehl

250 g Roggenvollkornmehl

350 g gemischte Kerne und Samen (z. B. Leinsamen, Kürbiskerne, Sonnenblumenkerne)

2 TL Salz

1 Würfel frische Hefe (42 g)

2 EL Obstessig

Außerdem:
Kastenform (30 cm lang)

Pro Scheibe etwa
132 kcal, 6 g EW, 5 g F, 14 g KH

SO GEHT'S

Beide Mehlsorten, Kerne, Samen und Salz in einer Schüssel mischen. Die Hefe in 500 ml lauwarmes Wasser bröseln und unter Rühren auflösen. Das Hefewasser zur Mehlmischung gießen, den Essig zugeben und alles in der Küchenmaschine oder von Hand zu einem flüssigen Teig verrühren.

Die Form mit Backpapier auslegen und den Teig einfüllen. Die Form dann in den kalten (!) Backofen auf den Rost (Mitte) stellen und bei 200 °C (Ober- und Unterhitze) 1 Stunde backen.

Emmer-Dinkel-Brot mit Möhren

OHNE ZUCKERERSATZ

Für 1 Laib

DU BRAUCHST

250 g Dinkelvollkornmehl

250 g Emmervollkornmehl

1 TL Salz

1 TL Brotgewürz (gemahlen oder ganz)

15 g frische Hefe

200 g Möhren

Pro Scheibe etwa
35 kcal, 2 g EW, <1 g F, 6 g KH

SO GEHT'S

Beide Mehlsorten, Salz und Brotgewürz in einer Schüssel mischen. Die Hefe in 300 ml lauwarmes Wasser bröseln und unter Rühren auflösen. Das Hefewasser zum Mehl gießen und alles mit der Küchenmaschine oder von Hand zu einem geschmeidigen Teig verkneten. Den Teig zugedeckt an einem warmen Ort etwa 1 Stunde gehen lassen, bis sich sein Volumen verdoppelt hat.

Den Teig danach nochmals durchkneten und erneut 2 Stunden gehen lassen.

Die Möhren gründlich waschen, fein raspeln und unter den Teig kneten. Ein Backblech mit Backpapier belegen. Den Teig zu einem länglichen Laib formen, auf das Blech legen, an der Oberfläche mehrmals schräg einschneiden und nochmals 30 Minuten gehen lassen.

Inzwischen den Backofen auf 200 °C (Ober- und Unterhitze) vorheizen. Das Brot im Ofen 50–60 Minuten backen.

Nussbrot

Für 2 Laibe

OHNE ZUCKERERSATZ

DU BRAUCHST

300 g Nusskernmischung

1 kg Dinkelvollkornmehl

2 gestrichene EL feines Meersalz

1 Würfel frische Hefe (42 g)

100 g gemischte Kerne (z. B. Sonnenblumen- und Kürbiskerne)

Außerdem:
2 Brot- oder Kastenformen (30 cm lang)
Butter für die Formen

Pro Scheibe etwa
225 kcal, 10 g EW, 8 g F, 25 g KH

SO GEHT'S

In einem Messbecher 650 ml lauwarmes Wasser abmessen. Die Hefe hineinbröseln und unter Rühren auflösen. Gut 10 Minuten ruhen lassen, inzwischen die Nusskerne grob hacken.

Mehl und Salz in einer Schüssel mischen. Das Hefewasser dazugießen, und alles mit der Küchenmaschine oder von Hand etwa 5 Minuten verkneten. Nüsse und Kerne unterkneten. Den Teig zugedeckt an einem warmen Ort etwa 3 Stunden gehen lassen.

Den Teig danach nochmals durchkneten. Die Formen mit Butter einfetten und den Teig einfüllen. Die Brote zugedeckt an einem warmen Ort erneut 2–3 Stunden gehen lassen.

Den Backofen auf 220 °C (Ober- und Unterhitze) vorheizen. Eine ofenfeste Schüssel mit Wasser füllen und auf den Ofenboden stellen. Die Oberfläche der Brotlaibe mehrmals schräg einschneiden und die Brote im Ofen etwa 45 Minuten backen.

Tipp: Wer mehr Zeit hat, kann die Brote in der Form über Nacht im Kühlschrank gehen lassen.

BROT UND AUFSTRICH

Tomaten-Rosmarin-Brot

Für 1 Laib

OHNE ZUCKERERSATZ

DU BRAUCHST

250 g Roggenvollkornmehl

250 g Dinkelvollkornmehl

2 TL feines Meersalz

1 Würfel frische Hefe (42 g)

5 EL Olivenöl

200 g getrocknete Tomaten (wenn in Öl, dann gut ausdrücken)

3 Zweige Rosmarin

grobes Meersalz

Außerdem:
Mehl zum Arbeiten

Pro Scheibe etwa
328 kcal, 7 g EW, 18 g F, 33 g KH

Tipp: Zur Abwechslung die getrockneten Tomaten gegen Oliven und den Rosmarin gegen Oregano austauschen.

SO GEHT'S

Beide Mehlsorten mit dem Salz in einer Schüssel mischen. Die Hefe in 250 ml lauwarmes Wasser bröseln und unter Rühren auflösen. 4 EL Olivenöl zugeben, das Hefewasser zum Mehl gießen und alles mit der Küchenmaschine oder von Hand zu einem geschmeidigen Teig verkneten. Den Teig zugedeckt an einem warmen Ort etwa 45 Minuten gehen lassen.

Die getrockneten Tomaten mit Küchenpapier abtupfen und grob hacken. Den Rosmarin abbrausen, trocken schütteln, die Nadeln abzupfen und grob hacken.

Ein Backblech mit Backpapier belegen. Den Teig auf der bemehlten Arbeitsfläche nochmals gut durchkneten, dabei Tomaten und Rosmarin unterkneten. Den Teig zu einem länglichen Laib formen, auf das Blech legen und erneut zugedeckt etwa 15 Minuten gehen lassen.

Inzwischen den Backofen auf 200 °C (Ober- und Unterhitze) vorheizen. Das Brot mit dem restlichen Öl bestreichen und mit grobem Meersalz bestreuen. Im Ofen (Mitte) etwa 50 Minuten backen. Aus dem Ofen nehmen, aus der Form lösen und auf einem Kuchengitter auskühlen lassen.

Himbeer-Chai-Fruchtaufstrich

OHNE ZUCKER-ERSATZ

Für etwa 10 Portionen

DU BRAUCHST

½ süßer Apfel

2 Datteln (entsteint)

400 g frische Himbeeren (oder TK-Himbeeren)

15 g Chai-Gewürzmischung (oder Inhalt eines Chai-Teebeutels)

Außerdem:
2–3 sterilisierte Schraubgläser

Pro Portion etwa
26 kcal, <1 g EW, <1 g F, 4 g KH

SO GEHT'S

Den Apfel schälen und entkernen. Apfel und Datteln in kleine Stücke schneiden und in einen Topf geben. Himbeeren, Gewürzmischung und 80 ml Wasser zugeben und alles etwa 15 Minuten kochen.

Die Masse dann mit einem Pürierstab pürieren. Den heißen Aufstrich in die Gläser füllen, verschließen und in den Kühlschrank stellen.

Im Kühlschrank 1–2 Wochen haltbar.

Mango-Orangen-Fruchtaufstrich

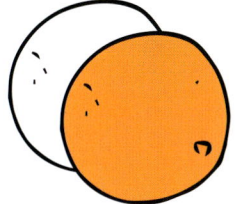

Für etwa 10 Portionen

OHNE ZUCKER-ERSATZ

DU BRAUCHST

½ süßer Apfel

2 Datteln (entsteint)

300 g Mango (oder TK-Mangostücke)

2–3 Orangen

Außerdem:
2–3 sterilisierte Schraubgläser

Pro Portion etwa
37 kcal, <1 g EW, <1 g F, 7 g KH

SO GEHT'S

Den Apfel schälen und entkernen. Mit den Datteln in kleine Stücke schneiden und in einen Topf geben. Die Mango schälen, das Fruchtfleisch vom Stein lösen und in Stücke schneiden. Die Orangen dick schälen, dabei auch die weiße Innenhaut mit entfernen. Die Orangenfilets zwischen den Trennhäutchen herauslösen und 200 g abwiegen.

Mango, Orangenfilets und 80 ml Wasser ebenfalls in den Topf geben und alles etwa 15 Minuten kochen. Die Masse dann mit einem Pürierstab pürieren. Den heißen Aufstrich in die Gläser füllen, verschließen und in den Kühlschrank stellen.

Im Kühlschrank 1–2 Wochen haltbar.

Erdbeer-Vanille-Fruchtmus

OHNE ZUCKERERSATZ

Für etwa 10 Portionen

DU BRAUCHST

½ süßer Apfel

2 Datteln (entsteint)

Mark von 2 Vanilleschoten

400 g Erdbeeren
(oder TK-Erdbeeren)

Außerdem:
2–3 sterilisierte Schraubgläser

Pro Portion etwa
23 kcal, <1 g EW, <1 g F, 4 g KH

SO GEHT'S

Den Apfel schälen und entkernen. Mit den Datteln in kleine Stücke schneiden und in einen Topf geben. Vanillemark, Erdbeeren und 80 ml Wasser zufügen und alles etwa 15 Minuten kochen.

Die Fruchtmasse dann mit einem Pürierstab pürieren. Den heißen Aufstrich in die Gläser füllen, verschließen und in den Kühlschrank stellen.

Im Kühlschrank 1–2 Wochen haltbar.

Quitten-Kumquat-Fruchtmus

OHNE ZUCKER-ERSATZ

Für etwa 10 Portionen

DU BRAUCHST

½ süßer Apfel

2 Datteln (entsteint)

300 g Quitten

200 g Kumquats

Außerdem:
2–3 sterilisierte Schraubgläser

Pro Portion etwa
39 kcal, <1 g EW, <1 g F, 71 g KH

SO GEHT'S

Den Apfel schälen und entkernen. Mit den Datteln in kleine Stücke schneiden und in einen Topf geben. Quitten und Kumquats waschen, in Stücke schneiden und ebenfalls in den Topf geben. 80 ml Wasser dazugießen und alles etwa 15 Minuten kochen.

Die Fruchtmasse dann mit einem Pürierstab pürieren. Den heißen Aufstrich in die Gläser füllen, verschließen und in den Kühlschrank stellen.

Im Kühlschrank 1–2 Wochen haltbar.

Schokocreme
(by Oskar Stumpf)

Für etwa 370 g

OHNE ZUCKERERSATZ

DU BRAUCHST

15–16 Datteln (entsteint)

200 ml Mandeldrink

100 g geröstete, gemahlene Mandeln

2 EL Kokosöl

6 gehäufte TL Kakaopulver in Rohkostqualität

Außerdem:
sterilisiertes Schraubglas

Pro Portion (30 g) etwa
84 kcal, 2 g EW, 5 g F, 7 g KH

SO GEHT'S

Die Datteln in grobe Stücke schneiden und in eine Schüssel geben. Mit dem Mandeldrink bedecken und über Nacht bei Raumtemperatur zugedeckt quellen lassen.

Am nächsten Tag die Mandeln im Mixer zu feinem Mehl zerkleinern, in eine Schüssel umfüllen. Dann die Datteln samt Mandeldrink in den Mixer geben und cremig pürieren.

Das Kokosöl schmelzen. Mit Kakao und gemahlenen Mandeln zum Dattelpüree geben und alles mixen, bis eine fein-cremige Masse entsteht. Die Schokocreme in das Glas füllen, verschließen und mindestens eine Stunde in den Kühlschrank stellen, bis die Creme fest geworden ist. Danach im Kühlschrank aufbewahren.

Tipp: Schneller geht's mit gemahlenen Mandeln. Diese vorher kurz in einer Pfanne anrösten.

BROT UND AUFSTRICH

Haselnusscreme

Für etwa 730 g

MIT ZUCKER-ERSATZ

DU BRAUCHST

400 g Haselnusskerne

100 g Cashewkerne

Mark von 1 Vanilleschote

1 kleine Prise Salz

6 EL Rapsöl

5 EL Kakaopulver in Rohkostqualität

6 EL Bio-Reissirup

Außerdem:
2–3 sterilisierte Schraubgläser

Pro Portion (30 g) etwa
225 kcal, 4 g EW, 19 g F, 8 g KH

SO GEHT'S

Den Backofen auf 170 °C (Ober- und Unterhitze) vorheizen, ein Backblech mit Backpapier belegen. Haselnüsse und Cashewkerne auf dem Blech verteilen und im Ofen 8–10 Minuten rösten. Vorsicht, gegen Ende gut aufpassen, da die Nüsse schnell verbrennen.

Die gerösteten Nüsse dann in einem Hochleistungsmixer zu einer sehr feinen Paste vermahlen. Vanillemark, Salz, Öl, Kakaopulver und Reissirup zufügen und untermixen.
Die Haselnusscreme in die Gläser füllen, verschließen und im Kühlschrank aufbewahren.

Im Kühlschrank 2–3 Wochen haltbar.

Erdnussbutter

MIT ZUCKER-ERSATZ

Für etwa 650 g

DU BRAUCHST

400 g Erdnusskerne

100 g Cashewkerne

1 kleine Prise Salz

5 EL Rapsöl

6 EL Bio-Reissirup

Außerdem:
2–3 sterilisierte Schraubgläser

Pro Portion (30 g) etwa
345 kcal, 11 g EW, 28 g F, 11 g KH

SO GEHT'S

Den Backofen auf 175 °C (Ober- und Unterhitze) vorheizen, ein Backblech mit Backpapier belegen. Erdnüsse und Cashewkerne auf dem Blech verteilen und im Ofen etwa 8 Minuten rösten. Vorsicht, gegen Ende gut aufpassen, da die Nüsse schnell verbrennen.

Die gerösteten Nüsse dann in einem Hochleistungsmixer in mehreren Etappen fein pürieren. Je nach Verwendungszweck und Geschmack zuletzt Öl und Reissirup untermixen. Die Erdnussbutter in die Gläser füllen, verschließen und im Kühlschrank aufbewahren.

Tipp: Keine Zeit zum Rösten? Dann einfach bereits geröstete Kerne kaufen.

Dressings und Soßen

Wenn Du diese Dressings und Soßen probiert hast,
willst Du nie wieder welche mit Zucker essen – garantiert!

────────────────

Dressing Sylter Art

Rucola-Dressing

Rote-Bete-Dressing

Schnelles Asia-Dressing

Basis-Tomatensoße

Hausgemachter Tomatenketchup

MIT ZUCKER-ERSATZ

Tipp: Das fertige Dressing hält mindestens so lange wie das auf saure Sahne und Joghurt gedruckte Mindesthaltbarkeitsdatum.

Dressing Sylter Art

Für etwa 5 Portionen

50 g Apfel (möglichst süß) waschen und entkernen, **½ Zwiebel** schälen. Beides in grobe Stücke schneiden. Die Stücke mit **1 EL Kräuteressig** und **1 Prise frisch gemahlener Pfeffer** mit dem Pürierstab fein zerkleinern. (Das Apfel-Zwiebel-Püree dient als Basis für das Dressing. Es kann sofort oder später verwendet werden.)
75 g saure Sahne, 1 EL Naturjoghurt, 1 Prise feines Meersalz und etwas **Bio-Reissirup** (je nach Süße des Apfels) vermischen. Das Apfel-Zwiebel-Püree unterrühren und 30 Minuten ziehen lassen. Zuletzt mit **Milch** bis zur gewünschten Konsistenz verdünnen.

Pro Portion etwa 38 kcal, <1 g EW, 3 g F, 1 g KH

OHNE ZUCKER-ERSATZ

Rucola-Dressing

Für etwa 4 Portionen

25 g Rucola waschen und trocken schütteln. **½ Knoblauchzehe** schälen. **Rucolablätter, Knoblauch, 50 g Crème fraîche, 25 g Naturjoghurt, 25 g frisch geriebenen Parmesan, 1 TL Weißweinessig, 1 TL Sardellen** sowie je **1 Prise feines Meersalz** und **frisch gemahlenen Pfeffer** in einen hohen Rührbecher geben und alles mit dem Pürierstab glatt und cremig mixen.

Pro Portion etwa 69 kcal, 3 g EW, 6 g F, 1 g KH

120 DRESSINGS UND SOSSEN

OHNE ZUCKERERSATZ

Rote-Bete-Dressing

Für etwa 5 Portionen

70 g gegarte Rote Bete in grobe Würfel schneiden. Die Würfel mit **50 ml Buttermilch, 25 ml Olivenöl, 1 EL Orangensaft, 1 TL Apfelessig, 1 TL Limettensaft** sowie je **1 Prise feinem Meersalz** und **frisch gemahlenem Pfeffer** in einen hohen Rührbecher geben und alles mit dem Pürierstab glatt und cremig mixen. Zuletzt **1 EL frisch gehackten Thymian** ins Dressing rühren.

Pro Portion etwa 58 kcal, <1 g EW, 5 g F, 3 g KH

Schnelles Asia-Dressing

OHNE ZUCKERERSATZ

Für etwa 4 Portionen

DU BRAUCHST

4–5 g Ingwer

½ Knoblauchzehe

1 EL Sojasoße

1 EL Fischsoße

1 EL Austernsoße

1 EL Reisessig

½ EL Sesamöl

1 EL frisch gehacktes Koriandergrün

Pro Portion etwa 30 kcal, 1 g EW, 2 g F, 3 g KH

SO GEHT'S

Den Ingwer auf einer feinen Reibe reiben und in einen hohen Rührbecher geben. Den Knoblauch schälen und zugeben. Soja-, Fisch-, Austernsoße, Reisessig und Sesamöl dazugießen und alles mit dem Pürierstab glatt und cremig mixen. Zuletzt das Koriandergrün unterrühren.

Tipp: Das Dressing verwandelt sich im Nu in eine wunderbare Marinade. Dafür einfach noch Kokosmilch dazugießen und Fleisch, Fisch oder Tofu darin einlegen. Abgedeckt über Nacht im Kühlschrank durchziehen lassen.

Basis-Tomatensoße

Für 2 Personen

OHNE ZUCKER-ERSATZ

DU BRAUCHST

6 reife Tomaten

3 Schalotten

1 Knoblauchzehe

2 EL Rapsöl

100 g hausgemachter Tomatenketchup (nächste Seite)

etwas Gemüsebrühe

1 Bund Oregano

Meersalz

schwarzer Pfeffer aus der Mühle

Pro Portion etwa
132 kcal, 5 g EW, 2 g F, 16 g KH

SO GEHT'S

Die Tomaten waschen und in kleine Stücke schneiden, dabei den Stielansatz entfernen. Schalotten und Knoblauch schälen und klein würfeln.

In einem Topf die Schalotten- und Knoblauchwürfel in etwas Öl leicht andünsten. Tomaten und Ketchup zugeben und einmal aufkochen lassen. Mit Gemüsebrühe oder Wasser ablöschen und bei mittlerer Hitze 20–25 Minuten köcheln lassen. Dabei gelegentlich umrühren.

Inzwischen den Oregano abbrausen, trocken schütteln und die Blätter fein schneiden. Die Tomatensoße mit Salz und Pfeffer abschmecken, den Oregano unterziehen und die Soße nochmals 5 Minuten ziehen lassen. Die Soße ist stückig, für eine cremige Soße die Tomaten mit dem Pürierstab durchrühren.

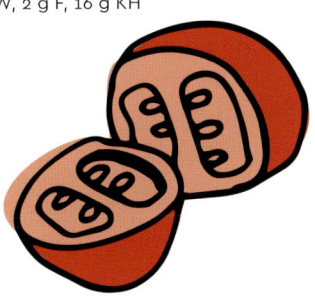

Tipp: Dieses Basisrezept klappt immer und lässt sich gut für andere Gerichte verwenden. So kannst Du die Soße mit Hackfleisch zubereiten, mit Ricotta und Spinat oder mit Kapern und Paprika zu Fischgerichten.

Hausgemachter Tomatenketchup

Für 1,2 l

OHNE ZUCKERERSATZ

DU BRAUCHST

1 Gemüsezwiebel

1–2 Knoblauchzehen

1 Aubergine

20 reife, fleischige Tomaten

4 Datteln (entsteint)

200 ml Weißweinessig

300 ml Rapsöl

Meersalz

schwarzer Pfeffer aus der Mühle

Außerdem:
Rapsöl zum Beträufeln
2 Flaschen mit Bügelverschluss

Pro Portion (50 ml) etwa
22 kcal, <1 g EW, 1 g F, 2 g KH

SO GEHT'S

Zwiebel, Knoblauch und Aubergine schälen. Die Tomaten waschen und den Stielansatz herausschneiden. Alles mit den Datteln in kleine Stücke schneiden und in einen großen Topf geben.

Essig, Öl und 100 ml Wasser dazugießen. Aufkochen und bei schwacher Hitze unter ständigem Rühren 15–20 Minuten köcheln lassen. Das Gemüse dann mit dem Pürierstab oder im Mixer fein pürieren und mit Salz und Pfeffer abschmecken.

Den Backofen auf 150 °C (Ober- und Unterhitze) vorheizen. Die Tomatenmasse in eine ofenfeste Form füllen, mit etwas Öl beträufeln und im Ofen (Mitte) 1 ½–2 Stunden schmoren. Zwischendurch immer mal wieder umrühren, so bekommt der Ketchup eine sämige Konsistenz und einen intensiven Geschmack.

Inzwischen die Flaschen sorgfältig mit heißem Wasser ausspülen. Den heißen Ketchup einfüllen und die Flaschen nochmals 5–10 Minuten in den Ofen stellen. Danach verschließen und kopfüber bei Zimmertemperatur auskühlen lassen.

Ungeöffnet, dunkel und kühl gelagert etwa 2 Monate haltbar.

Knabberkram

Gerade am Anfang der Challenge wirst Du immer wieder das Verlangen nach „Knabberzeug" verspüren. Das ist völlig normal, denn es dauert etwas, bis sich diese Gewohnheit ändert. Mit diesen Leckereien machen wir Dir den Übergang leichter.

Gemüse-Chips
Parmesan-Chips
Obst-Chips
Sellerierösti
Popcorn
Müsliriegel

Gemüse-Chips

Für 8 Personen

OHNE ZUCKERERSATZ

DU BRAUCHST

500 g gemischtes Gemüse (z. B. Möhre, Pastinake, Petersilienwurzel, Rote Bete, Süßkartoffel, Zucchini)

Olivenöl

Salz/Pfeffer/Garam Masala/ Knoblauch/Thymian/Rosmarin (nach Belieben)

Pro Portion etwa 70 kcal, 1 g EW, 4 g F, 7 g KH

SO GEHT'S

Das Gemüse gründlich waschen oder schälen und putzen. Dann mit einem Gemüsehobel oder Sparschäler in dünne Scheiben hobeln. Die Gemüsechips in eine Schüssel geben und mit Olivenöl beträufeln. Mit den gewünschten Gewürzen bestreuen, gut durchmischen und 20–30 Minuten ziehen lassen.

Inzwischen den Backofen auf 140 °C (Umluft) vorheizen, mehrere Backbleche mit Backpapier belegen. Die Gemüsechips gleichmäßig auf den Blechen verteilen und im Ofen (Mitte) 40–50 Minuten rösten. Den Ofen zwischendurch immer wieder öffnen, damit der Wasserdampf entweichen kann. Vorsicht, gegen Ende gut aufpassen, da die Chips schnell verbrennen.

Tipp: Je dünner die Gemüsescheiben sind, desto knuspriger werden die Chips.

Parmesan-Chips

Für 4 Personen

OHNE ZUCKERERSATZ

DU BRAUCHST

150 g Parmesan

1 EL frisch gehackter Rosmarin

1 EL frisch gehackter Thymian

1 EL frisch gehackte krause Petersilie

Pro Portion etwa
150 kcal, 12 g EW, 12 g F, <1 g KH

SO GEHT'S

Den Backofen auf 200 °C (Umluft) vorheizen, ein Backblech mit Backpapier belegen. Den Parmesan fein reiben und mit den Kräutern mischen.

Jeweils 1 EL Parmesan-Kräuter-Mischung als Häufchen auf das Backblech setzen und flach drücken. Die Chips im Ofen (Mitte) 4–5 Minuten backen, bis der Parmesan geschmolzen und leicht goldbraun ist. Sofort herausnehmen.

Obst-Chips

Für 8 Personen

OHNE ZUCKERERSATZ

DU BRAUCHST

500 g gemischte Früchte (z. B. Ananas, Apfel, Banane, Birne, Erdbeeren, Himbeeren, Kiwi, Mango)

Pro Portion etwa
37 kcal, <1 g EW, <1 g F, 37 g KH

SO GEHT'S

Die Früchte waschen und gut abtrocknen. Dann mit einem Gemüsehobel oder Sparschäler in dünne Scheiben hobeln, Himbeeren halbieren. Inzwischen den Backofen auf 140 °C (Umluft) vorheizen, mehrere Backbleche mit Backpapier belegen. Die Obstchips gleichmäßig auf den Blechen verteilen und im Ofen (Mitte) 35–40 Minuten rösten. Den Ofen zwischendurch immer wieder öffnen, damit der Wasserdampf entweichen kann. Vorsicht, gegen Ende gut aufpassen, da die Chips schnell verbrennen.

Tipp: Je dünner die Fruchtscheiben sind, desto knuspriger werden die Chips.

Sellerierösti

Für 2–4 Personen

DU BRAUCHST

200 g Äpfel

400 g Sellerieknolle

Saft von ½ Zitrone

Salz, Pfeffer

2 Frühlingszwiebeln

3 Eier

1 Prise frisch geriebene Muskatnuss

3 EL Kichererbsenmehl

30 g frisch geriebener Parmesan

3 EL Rapsöl

Pro Portion etwa
278 kcal, 15 g EW, 25 g F, 19 g KH

SO GEHT'S

Die Äpfel waschen, den Sellerie schälen. Dann beides auf einer Reibe raspeln. Die Raspel mit Zitronensaft beträufeln, mit Salz und Pfeffer würzen und 10 Minuten in einem Sieb abtropfen lassen. Die Frühlingszwiebeln waschen, putzen und in feine Ringe schneiden.

Die Eier in einer Schüssel mit Muskat würzen und verquirlen. Kichererbsenmehl und Parmesan unterrühren. Die Sellerie-Apfel-Raspel im Sieb gut ausdrücken und mit den Frühlingszwiebeln unter die Eiermasse mischen.

Etwas Öl in einer Pfanne erhitzen. Jeweils eine handtellergroße Portion Röstimasse in die Pfanne setzen und rund formen. Die Rösti bei mittlerer Hitze von beiden Seiten 2 Minuten anbraten. Dann aus der Pfanne nehmen und im Ofen warm halten. Die restlichen Rösti ebenso braten.

Popcorn

Für 4–6 Personen

MIT ZUCKER-ERSATZ

DU BRAUCHST

2 EL Rapsöl

90 g Popcornmais

45 g Kokosblütenzucker

2 EL Butter

Chai-Gewürzmischung (oder Inhalt eines Chai-Teebeutels)

gemahlener Zimt

Pro Portion etwa
195 kcal, 2 g EW, 12 g F, 20 g KH

SO GEHT'S

Öl und Popcornmais in einen Topf geben und den Deckel auflegen. Bei mittlerer Hitze und unter ständigem Rütteln erhitzen, bis alle Körner aufgepoppt sind. Das Popcorn vom Herd nehmen und etwas abkühlen lassen.

Inzwischen den Kokosblütenzucker in einem zweiten Topf erhitzen, die Butter zufügen und glatt rühren. Die Gewürze zufügen und gut untermischen. Die Gewürzbutter noch warm über das Popcorn träufeln, vermischen und servieren.

Tipp: Für eine pikante Variante die flüssige Butter einfach nur mit feinem Meersalz würzen.

Müsliriegel

Für etwa 30 Stück

MIT ZUCKERERSATZ

DU BRAUCHST

100 g getrocknete Aprikosen

100 g Datteln (entsteint)

4 EL Butter

100 g Reissirup

100 g Dinkelflocken

50 g Kokoschips

4 EL gehackte Mandeln

4 EL grob gehackte Haselnüsse

2 EL Quinoa gepufft

2 EL Chiasamen

2 EL Leinsamen

2 EL Hanfsamen

2 EL Sonnenblumenkerne

abgeriebene Schale und Saft von ½ Bio-Orange

Pro Stück etwa 104 kcal, 2 g EW, 6 g F, 10 g KH

SO GEHT'S

Aprikosen und Datteln würfeln. Butter und Reissirup in einem kleinen Topf kurz aufkochen lassen, vom Herd nehmen.

Den Backofen auf 150 °C vorheizen, ein Backblech mit Backpapier belegen. Dinkelflocken, Kokoschips, Mandeln, Haselnüsse, Quinoa, Samen und Kerne, Aprikosen- und Dattelwürfel, Orangenschale und -saft in einer Schüssel mischen. Die süße Butter darüberträufeln und alles gründlich vermengen.

Die Masse mit einem feuchten Gummispachtel 1–1,5 cm dick auf das Blech streichen und im Ofen (Mitte) etwa 35 Minuten backen. Die Müsliplatte aus dem Ofen nehmen und auskühlen lassen, erst dann in Riegel schneiden.

Tipp: Die Riegel zum Aufbewahren in eine Dose schichten. Kühl gelagert halten sie sich 2–3 Wochen.

Tipp: Die Riegel werden fester, wenn sie in einer Müsliform gebacken werden.

Kuchen, Muffins, Kekse ...

Mit diesen Rezepten überraschst Du bei der nächsten Geburtstagsfeier wirklich alle.
Denn keiner wird merken, dass die Kuchen, Muffins und Kekse zuckerfrei sind!
Damit tust Du nicht nur Dir etwas Gutes ...

Blaubeer-Cashew-Raw-Cake (by Nina Heinl)

Bananenkuchen

Dattel-Feigen-Kuchen mit Nüssen

Apfel-Mandel-Muffins

Apfel-Birnen-Kuchen

Käsekuchen

Möhrenkuchen

Schokokuchen

Bananen-Schoko-Muffins

Brownies

Himbeerkekse mit weißer Schokolade

Ingwer-Hafer-Kekse

Double-Schokokekse

Mohn-Sesam-Kekse

Blaubeer-Madeleines

Blaubeer-Cashew-Raw-Cake
(by Nina Heinl)

OHNE ZUCKER-ERSATZ

Für 1 Kuchen (12 Stücke)

DU BRAUCHST

250 g Cashewkerne

120 g Mandeln oder Walnusskerne

120 g Kokosraspel

4 EL Kakaopulver in Rohkostqualität

6 EL Kokosöl (120 g)

5 große Datteln (entsteint, oder 3 EL Honig)

100 ml Kokosmilch

1 Prise gemahlene Vanille

Saft von ½ Zitrone

200 g Blaubeeren (frisch oder TK)

Außerdem:
Springform (26 cm Ø)

Pro Stück etwa
359 kcal, 8 g EW, 33 g F, 12 g KH

SO GEHT'S

Die Cashewkerne in einer Schüssel mit Wasser bedecken und zugedeckt über Nacht quellen lassen.

Am nächsten Tag die Form mit Backpapier auslegen. Mandeln und Kokosraspel in einer Pfanne anrösten. Dann mit dem Kakaopulver in den Mixer oder in die Küchenmaschine füllen und sehr fein zerkleinern. 2 EL Kokosöl und 2 Datteln (oder 1 EL Honig) untermixen, bis eine glatte Masse entsteht. Die Masse auf den Boden der Form drücken und 30 Minuten ins Tiefkühlfach stellen.

Die Cashewkerne in einem Sieb abbrausen. Dann mit Kokosmilch, restlichem Kokosöl, 3 Datteln (oder 2 EL Honig) und Vanille im Mixer oder in der Küchenmaschine cremig pürieren.

Die Cashewcreme auf zwei Schüsseln verteilen und bei der einen Hälfte den Zitronensaft unterrühren. Die Zitronencreme auf dem Mandel-Kokos-Boden verteilen und den Kuchen zurück ins Tiefkühlfach stellen.

Die Blaubeeren waschen, trocken tupfen, zur restlichen Cashewcreme geben und sorgfältig untermixen. Die Blaubeercreme auf der Zitronencreme verstreichen und den Kuchen nochmals 1 Stunde tiefkühlen.

Tipp: Dieser tolle Sommerkuchen schmeckt auch mit Deinen Lieblingsbeeren. Er darf auch länger im Tiefkühlfach bleiben, muss dann aber 1 Stunde vor dem Servieren herausgenommen werden.

Bananenkuchen

Für 1 Kuchen (10 Stücke)

OHNE ZUCKER-ERSATZ

DU BRAUCHST

5 reife Bananen

50 g Cashewkerne

50 g Pekannüsse

200 g Weizen- oder Dinkelvollkornmehl

100 g weiche Butter

100 g Rosinen

2 Eier

Mark von 1 Vanilleschote

2 TL Backpulver

200 ml Milch

Außerdem:
Kastenform (30 cm lang)
Butter für die Form

Pro Stück etwa
314 kcal, 8 g EW, 15 g F, 36 g KH

SO GEHT'S

Den Backofen auf 160 °C (Ober- und Unterhitze) vorheizen, die Form mit Butter einfetten. Die Bananen schälen und mit einer Gabel fein zerdrücken. Cashewkerne und Pekannüsse klein hacken.

Sämtliche Zutaten in eine große Schüssel geben und zu einem Teig verrühren. Den Teig in die Form füllen und im Ofen (Mitte) in etwa 30 Minuten goldgelb backen. Den Kuchen in der Form auskühlen lassen, dann herauslösen.

Dattel-Feigen-Kuchen mit Nüssen

OHNE ZUCKERERSATZ

Für 1 Kuchen (12 Stücke)

DU BRAUCHST

250 g Datteln (entsteint)

1 TL Natron

300 ml Milch

2 reife Bananen

275 g Dinkelmehl

100 g weiche Butter

1 Ei

100 g grob gehackte Haselnüsse

½ Päckchen Backpulver

4–5 frische Feigen (je nach Größe)

Außerdem:
Kastenform (30 cm lang)

Pro Stück etwa
360 kcal, 6 g EW, 13 g F, 37 g KH

SO GEHT'S

Den Ofen auf 180 °C (Umluft) vorheizen, die Form mit Backpapier auslegen. Die Datteln würfeln und mit Natron und Milch in einen Topf geben. Kurz aufkochen lassen, dann vom Herd nehmen. Die Bananen schälen und mit einer Gabel fein zerdrücken.

Mehl und Butter in eine Schüssel geben und verrühren. Ei, Bananenpüree, Nüsse, Backpulver und die Dattel-Milch-Masse zufügen und zu einer glatten Masse verrühren.

Den Teig in die Form füllen. Die Feigen waschen und im Ganzen tief in den Teig drücken. Den Kuchen im Ofen (Mitte) etwa 45 Minuten backen. In der Form auskühlen lassen, dann herauslösen.

Apfel-Mandel-Muffins

OHNE ZUCKERERSATZ

Für 12 Stück

DU BRAUCHST

250 g Äpfel, plus 1 Apfel zum Würfeln

1 Ei

80 ml Rapsöl

70 ml Milch

Mark von 1 Vanilleschote

250 g Dinkelvollkornmehl

1 Päckchen Backpulver

2 TL gemahlener Zimt

120 g Datteln (entsteint)

abgeriebene Schale und Saft von 1 Bio-Zitrone

50 g Mandelblättchen

Außerdem:
Muffinform mit 12 Mulden
12 Papierförmchen

Pro Stück etwa
215 kcal, 5 g EW, 10 g F, 24 g KH

SO GEHT'S

Den Backofen auf 180 °C (Ober- und Unterhitze) vorheizen, die Papierförmchen in die Mulden der Muffinform setzen. 250 g Äpfel schälen, entkernen, klein schneiden und in einem Rührbecher pürieren. Ei, Öl und Milch unter das Apfelpüree rühren. Vanillemark, Mehl, Backpulver und Zimt zugeben und alles mit dem Pürierstab gut durchmixen.

Die Datteln in kleine Würfel schneiden. Den restlichen Apfel waschen, entkernen und in etwas größere Würfel schneiden. Die Apfelwürfel mit Zitronensaft beträufeln. Dattel- und Apfelwürfel, Zitronenschale und Mandeln unter den Teig heben. Den Teig in die Förmchen füllen und im Ofen (Mitte) 20–25 Minuten backen. Die leicht abgekühlten Muffins aus der Form lösen.

Apfel-Birnen-Kuchen

Für 1 Kuchen (12 Stücke)

MIT ZUCKERERSATZ

DU BRAUCHST

150 g weiche Butter

125 g Dinkelmehl

125 g gemahlene Haselnüsse

100 g Bio-Reissirup

2 Äpfel

2 Birnen

Mark von 1 Vanilleschote

3 EL Speisestärke

Außerdem:
Springform (26 cm Ø)
Butter für die Form
2 Handvoll getrocknete Hülsenfrüchte zum Blindbacken

Pro Stück etwa
265 kcal, 3 g EW, 17 g F, 24 g KH

SO GEHT'S

Den Backofen auf 200 °C (Ober- und Unterhitze) vorheizen, die Form mit Butter einfetten. Für den Boden Butter, Mehl, Haselnüsse und 60 g Reissirup in eine Schüssel geben und mit dem Rührgerät zu einem glatten Teig verrühren. Den Teig auf Backpapier mit einem Nudelholz gleichmäßig dick in Formgröße ausrollen. Die Teigplatte mit dem Backpapier nach oben in die Form legen und das Papier vorsichtig abziehen. Einen kleinen Rand hochziehen und den Teigboden mit einer Gabel mehrmals einstechen. Die Hülsenfrüchte daraufgeben und den Boden im Ofen (Mitte) etwa 20 Minuten backen.

Inzwischen für den Belag Äpfel und Birnen schälen, entkernen und klein schneiden. Die Fruchtstückchen mit Vanillemark und 150 ml Wasser in einem Topf mischen. Erhitzen und köcheln lassen, bis die Stückchen etwas weicher, aber noch bissfest sind.

Restlichen Reissirup, Stärke und 2 EL Wasser verrühren. Zu den Fruchtstückchen gießen und zügig einrühren. Die Fruchtmischung auf dem Kuchenboden verteilen, glatt streichen und im Kühlschrank 30–45 Minuten auskühlen lassen.

Tipp: Durch das Blindbacken mit getrockneten Hülsenfrüchten kann der Rand aufgehen, während der Teigboden schön flach bleibt.

Käsekuchen

MIT ZUCKERERSATZ

Für 1 Kuchen (12 Stücke)

DU BRAUCHST

100 g Weizen- oder Dinkelvollkornmehl

100 g grob gemahlene Haselnüsse

100 g Speisestärke

½ TL Backpulver

1 Prise Salz

150 g Erythrit-Zucker

5 Eier

1 Eigelb

150 g kalte Butter

800 g abgetropfter Quark

2 TL abgeriebene Bio-Zitronenschale

2 Päckchen Vanillepuddingpulver

Mark von 1 Vanilleschote

100 ml Rapsöl

300 ml Milch

Außerdem:
Springform (26 cm Ø)
Butter und Mehl für die Form

Pro Stück etwa
388 kcal, 13 g EW, 27 g F, 35 g KH

SO GEHT'S

Für den Boden Mehl, Haselnüsse, Stärke, Backpulver, Salz und 50 g Erythrit-Zucker in eine Schüssel geben. 1 Ei, Eigelb und die Butter in Flöckchen zufügen und alles mit den Knethaken des Rührgeräts zu einem glatten Teig verkneten. Den Teig zu einer Kugel formen, in Frischhaltefolie wickeln und etwa 30 Minuten kühlen.

Den Backofen auf 170 °C (Ober- und Unterhitze) vorheizen. Die Form mit Butter einfetten und mit Mehl ausstäuben. Den Teig mit einem Nudelholz in Formgröße ausrollen. Den Teig auf den Formboden legen, einen Rand hochziehen und den Boden mit einer Gabel mehrmals einstechen.

Für den Belag übrige Eier und übrigen Erythrit-Zucker schaumig rühren. Den Quark unterrühren. Dann Zitronenschale, Puddingpulver, Vanillemark, Öl und Milch unterrühren, bis die Creme glatt ist. Die Quarkcreme in die Form füllen.

Den Kuchen im Ofen (unten) 60–70 Minuten backen. Dabei die Form nach etwa 40 Minuten mit Backpapier abdecken, damit die Quarkcreme nicht weiter bräunt. Den Kuchen in der Form auskühlen lassen, dann herauslösen.

Tipp: Für eine fruchtige Variante kannst du noch 200 g Beeren oder gewürfeltes Steinobst unter die Quarkcreme heben. Dann in die Form füllen und wie beschrieben backen.

Möhrenkuchen

Für 1 Kuchen (12 Stücke)

MIT ZUCKER-ERSATZ

DU BRAUCHST

240 g Ananasfruchtfleisch

40 g Datteln (entsteint)

220 g Möhren

250 ml Traubenkernöl

3 Eier

250 g Dinkelvollkornmehl

100 g Bio-Reissirup

2 TL Natron

1 TL gemahlener Zimt

120 g grob gehackte Walnüsse

80 g Kokoschips

40 g Rosinen

Außerdem:
Springform (26 cm Ø)
Butter und Mehl für die Form

Pro Stück etwa
450 kcal, 7 g EW, 33 g F, 30 g KH

SO GEHT'S

Das Ananasfruchtfleisch grob pürieren. Die Datteln klein hacken, die Möhren gründlich waschen und raspeln.

Den Backofen auf 190 °C vorheizen, die Form mit Butter einfetten und mit Mehl ausstäuben. Öl und Eier in einer Schüssel glatt verquirlen, dann das Ananaspüree einrühren. Mehl, Reissirup, Natron und Zimt untermischen.

Nüsse, Kokoschips, Rosinen, Datteln und Möhren locker unterheben. Die Masse gleichmäßig in die Form füllen und im Ofen (Mitte) etwa 50 Minuten backen.

Zur Garprobe mit einem Holzstäbchen in die Mitte des Kuchens stechen. Klebt beim Herausziehen kein Teig mehr am Stäbchen, ist der Kuchen fertig. Den Kuchen 15 Minuten abkühlen lassen, dann aus der Form lösen.

Topping:

300 g Frischkäse, 5 El Reissirup
Abrieb von ½ Zitrone

Alles miteinander in einer Schüssel verrühren und mit einem Löffel gleichmäßig auf dem Kuchen verteilen.

Schokokuchen

Für 1 Kuchen (12 Stücke)

DU BRAUCHST

4 Eier

20 g saure Sahne

30 g Bio-Reissirup

1 TL gemahlene Süßholzwurzel

2 TL gemahlener Zimt

2 EL abgeriebene Bio-Orangenschale

3 EL Whisky oder Orangensaft

90 g Dinkelmehl

1 Päckchen Backpulver

20 g gemahlene Mandeln

20 g gemahlene Haselnüsse

3 EL Kakaopulver in Rohkostqualität

90 g Kokosmilch

4 EL Milch

Außerdem:
Springform (26 cm Ø)
Butter und Mehl für die Form

Pro Stück etwa 117 kcal, 5 g EW, 5 g F, 10 g KH

SO GEHT'S

Den Backofen auf 180 °C (Ober- und Unterhitze) vorheizen. Die Form mit Butter einfetten und mit Mehl ausstäuben. Die Eier trennen, die Eiweiße zu steifem Schnee schlagen und beiseitestellen.

Die Eigelbe mit saurer Sahne, Reissirup, Süßholz, Zimt, Orangenschale und Whisky/Orangensaft in einer Schüssel glatt verrühren. Nach und nach Mehl, Backpulver, Mandeln, Haselnüsse, Kakaopulver, Kokosmilch und Milch einrühren. Zuletzt den Eischnee vorsichtig unterheben. Die Masse in die Form füllen und im Ofen (Mitte) etwa 40 Minuten backen. Den Kuchen in der Form auskühlen lassen, dann herauslösen.

Tipp: Für ein Kaffeearoma den Zimt mit frisch gemahlenem Espressopulver mischen oder ganz durch Espressopulver ersetzen.

Bananen-Schoko-Muffins

Für 12 Stück

DU BRAUCHST

320 g sehr reife Bananen (braun und weich), plus 2 Bananen zum Würfeln

1 Ei

80 ml Rapsöl

80 ml Milch

250 g Dinkelvollkornmehl

1 Päckchen Backpulver

30 g Kakaopulver in Rohkostqualität

Mark von 1 Vanilleschote

50 g Erythritol-Zartbitterschokolade

80 g grob gehackte Walnüsse

40 g Cranberrys

Bio-Reissirup (nach Belieben)

Außerdem:
Muffinform mit 12 Mulden
12 Papierförmchen

Pro Stück etwa
245 kcal, 6 g EW, 13 g F, 25 g KH

SO GEHT'S

Den Backofen auf 180 °C (Ober- und Unterhitze) vorheizen, die Papierförmchen in die Mulden der Form setzen. Die Bananen schälen und mit einer Gabel fein zerdrücken.

Das Bananenpüree mit Ei, Öl und Milch in einem Rührbecher mit dem Pürierstab verrühren. Mehl, Backpulver, Kakaopulver und Vanillemark zugeben und alles mit dem Pürierstab gut durchmixen.

Die restlichen 2 Bananen schälen und in grobe Würfel schneiden. Die Schokolade in kleine Stücke schneiden. Bananenwürfel, Schokoladenstücke, Walnüsse und Cranberrys unter den Teig heben. Den Teig nach Geschmack eventuell noch mit Reissirup nachsüßen, dann in die Förmchen füllen und im Ofen (Mitte) 20–25 Minuten backen. Die leicht abgekühlten Muffins aus der Form lösen.

Brownies

Für 10 Stück

DU BRAUCHST

200 g Datteln (entsteint)

100 g Butter

Mark von 2 Vanilleschoten

2 TL gemahlener Zimt

4 Eier

100 g Roggenmehl

100 g Kakaopulver in Rohkostqualität

100 g gemahlene Haselnüsse

100 g gemahlene Walnüsse

100 g gehackte Pekannüsse

1 Prise Salz

10–20 g Bio-Reissirup

Außerdem:
rechteckige Form (etwa 28 x 18 cm)
Butter für die Form

Pro Stück etwa
440 kcal, 11 g EW, 31 g F, 27 g KH

SO GEHT'S

Die Datteln würfeln, in einer Schüssel mit kochendem Wasser übergießen und 15 Minuten quellen lassen. Danach überschüssiges Wasser abgießen und die Datteln pürieren.

Den Backofen auf 170 °C (Ober- und Unterhitze) vorheizen. Die Form mit Butter einfetten oder mit Backpapier auslegen. Die Butter in einem Topf bei schwacher Hitze schmelzen, jedoch nicht heiß werden lassen. Die geschmolzene Butter mit der Dattelpaste, Vanillemark, Zimt und Eiern verrühren. Dann Mehl, Kakaopulver, Nüsse und Salz einrühren. Den Teig mit Reissirup abschmecken und in die Form füllen. Im Ofen (Mitte) 25–30 Minuten backen, sodass die Brownies außen knusprig und innen noch saftig sind.

Die Brownies in der Form leicht abkühlen lassen, dann in gleich große quadratische Stücke schneiden und herausheben.

Himbeerkekse mit weißer Schokolade

Für etwa 10 Stück

Den Backofen auf 160 °C (Ober- und Unterhitze) vorheizen, ein Backblech mit Backpapier belegen. **150 g weiße Erythritol-Schokolade** klein hacken. **150 g Himbeeren** bei Bedarf waschen und trocken tupfen. **200 g Dinkelmehl, 3 TL Backpulver, 2 TL Rapsöl** und **1 Ei** zu einem leicht krümeligen Teig verkneten. Die Schokostückchen vorsichtig einarbeiten. Den Teig dann zu kleinen Kugeln rollen, jeweils ein Loch hineindrücken und 1 Himbeere hineinlegen. Den Teig darüber wieder vorsichtig verschließen, die Kugeln auf das Blech setzen und im Ofen (Mitte) 10–15 Minuten backen.

Pro Stück etwa 128 kcal, 5 g EW, 5 g F, 18 g KH

Tipp: Als Deko jeweils noch eine halbierte Himbeere auf die Kugeln setzen.

Ingwer-Hafer-Kekse

Für 20–25 Stück

Den Backofen auf 200 °C (Ober- und Unterhitze) vorheizen, ein Backblech mit Backpapier belegen. **1 Apfel** schälen und bis auf das Kerngehäuse fein reiben. **15–20 g Ingwer** ebenfalls fein reiben. **60 g weiche Butter** und **2 Eier** cremig rühren. Apfel, Ingwer, **1 TL Backpulver, Mark von 1 Vanilleschote, abgeriebene Schale von 1 Bio-Zitrone** und **100 g Erythrit-Puderzucker** zugeben und alles nochmals gut verrühren. **430 g Haferflocken** unterrühren, bis ein fester, nicht mehr klebender Teig entsteht. Ist der Teig zu flüssig, etwas mehr Haferflocken einrühren, ist er zu fest, einige Tropfen warmes Wasser zugeben. Vom Teig mit einem Teelöffel kleine Teigportionen abstechen und diese zu Kugeln rollen. Die Kugeln auf das Blech setzen, platt drücken und im Ofen (Mitte) 20–25 Minuten backen.

Pro Stück etwa 130 kcal, 3 g EW, 7 g F, 14 g KH

MIT ZUCKER- ERSATZ

Double-Schokokekse

Für 15–20 Stück

Je **70 g Zartbitter-** und **weiße Erythritol-Schokolade** klein hacken. **2 EL weiche Butter** in einem Topf bei schwacher Hitze schmelzen, jedoch nicht zu heiß werden lassen. Die geschmolzene Butter mit dem **Mark von 1 Vanilleschote, 60 g gemahlenen und 60 g grob gehackten Haselnüssen, 1 Ei, 1 TL Natron, 2 EL Sahne** und **1 Prise Salz** zu einem glatten Teig verrühren. Die Schokoladestückchen unterheben und den Teig etwa 30 Minuten im Kühlschrank ruhen lassen. Den Backofen auf 180 °C (Ober- und Unterhitze) vorheizen, ein Backblech mit Backpapier belegen. Mithilfe von zwei Löffeln den Teig in kleinen Häufchen auf das Blech setzen und diese im Ofen (Mitte) 10–15 Minuten backen.

Pro Stück etwa 78 kcal, 3 g EW, 11 g F, 5 g KH

Mohn-Sesam-Kekse

OHNE ZUCKERERSATZ

Für 1 Blech (etwa 25 Stück)

DU BRAUCHST

3 reife Bananen

50 ml Rapsöl

320 g Dinkelmehl

50 g Mohn

50 g weißer Sesam

50 g Sonnenblumenkerne

Pro Stück etwa
108 kcal, 3 g EW, 5 g F, 12 g KH

SO GEHT'S

Den Backofen auf 180 °C (Ober- und Unterhitze) vorheizen, ein Backblech mit Backpapier belegen.

Die Bananen mit einer Gabel fein zerdrücken und das Öl unterrühren. Mehl, Mohn, Sesam und Sonnenblumenkerne zugeben und alles zu einem mittelfesten und formbaren Teig verkneten.
Aus dem Teig dann kleine Kugeln rollen und diese mit einer Gabel ein wenig platt drücken. Die Kekse auf das Blech setzen und im Ofen (Mitte) 20–25 Minuten backen.

Blaubeer-Madeleines

Für 12 Stück

DU BRAUCHST

180 g Butter

120 g Blaubeeren

4 Eier

170 g Bio-Reissirup

170 g Dinkelmehl

2 TL Backpulver

1 Prise gemahlener Zimt

1 Prise gemahlene Vanille

1 Prise feines Meersalz

Außerdem:
Madeleineform mit 12 Mulden
Butter und Mehl für das Blech

Pro Stück etwa
240 kcal, 4 g EW, 15 g F, 22 g KH

SO GEHT'S

Den Backofen auf 180 °C (Ober- und Unterhitze, Umluft nicht empfehlenswert) vorheizen. Die Mulden der Form mit Butter einfetten und mit Mehl ausstäuben. Die Butter schmelzen und abkühlen lassen. Die Blaubeeren waschen und abtropfen lassen.

Eier und Reissirup mit dem Handrührgerät schaumig schlagen. Mehl, Backpulver, Zimt, Vanille und Salz zuerst mischen, dann sieben und bei niedriger Geschwindigkeit unter die Eiermischung rühren. Die geschmolzene Butter dazugießen und einrühren. Zuletzt die Blaubeeren unterheben.

Den Teig in die Formmulden füllen und im Ofen (Mitte) 8–11 Minuten backen, bis der Rand leicht bräunt. Die Madeleines vorsichtig aus der Form lösen und auf einem Kuchengitter auskühlen lassen.

Tipp: Die Madeleines lassen sich gut vorbereiten und sind ein prima Frühstück, wenn's mal schnell gehen muss.

Desserts und Eis

Zu süß, um wahr zu sein! Der ideale Abschluss nach einem wunderbaren Essen mit Freunden.

Mousse au Chocolat mal anders

Lavacake

Kokos-Pannacotta mit weißer Schokolade und Mangosalat

Himbeer-Rhabarber-Blitzsorbet mit Rosmarin

Vanilleeis

Schokoeis

Buttermilcheis mit Grapefruit

Mousse au Chocolat mal anders

OHNE ZUCKERERSATZ

Für 6–8 Personen

DU BRAUCHST

3 Birnen

2 Vanilleschoten

500 ml Mandeldrink

30 Datteln (entsteint)

4 reife Avocados

15 EL Kakaopulver in Rohkostqualität

Pro Portion etwa
289 kcal, 5 g EW, 14 g F, 32 g KH

SO GEHT'S

Die Birnen schälen, entkernen und in kleine Würfel schneiden. Die Vanilleschoten längs aufschlitzen und das Mark herausschaben. Schoten und Mark, Birnenwürfel und Mandeldrink in einen Topf geben und aufkochen. Die Birnenwürfel dann mit einer Schaumkelle herausheben und beiseitestellen.

Die Datteln in kleine Würfel schneiden, in den heißen Mandeldrink legen und 1 Stunde quellen lassen. Danach die Vanilleschoten herausnehmen.

Die Avocados halbieren, entsteinen und das Fruchtfleisch aus der Schale lösen. Avocadofruchtfleisch und Kakaopulver zu den Datteln geben und alles mit einem Mixer oder Pürierstab zu einer glatten, cremigen Masse pürieren. Vorsichtig die Birnenwürfel unterheben und die Mousse in Portionsförmchen oder Gläser füllen. Vor dem Servieren noch etwa 2 Stunden in den Kühlschrank stellen.

Lavacake

Für 4 Personen

DU BRAUCHST

200 g Erythritol-Zartbitterschokolade

100 g Butter

100 g sehr reife Banane

Mark von 1 Vanilleschote

2 EL Kakaopulver in Rohkostqualität

35 g Roggenmehl

1 Prise Salz

4 Eier

Außerdem:
Muffinform mit 6 Mulden
oder 6 Portionsförmchen
Butter und Kakaopulver für die Form

Pro Portion etwa
630 kcal, 16 g EW, 46 g F, 37 g KH

SO GEHT'S

Den Backofen auf 190 °C (Ober- und Unterhitze) vorheizen. Die Schokolade klein hacken. Mit der Butter in eine Edelstahlschüssel geben und über einem heißen Wasserbad schmelzen. Dabei immer wieder umrühren und die Masse nicht zu heiß werden lassen. Die geschmolzene Schokobutter vom Wasserbad nehmen und leicht abkühlen lassen.

Inzwischen die Banane schälen und mit einer Gabel fein zerdrücken. Bananenpüree, Vanillemark, Kakaopulver, Mehl und Salz in einer Schüssel verrühren. Die Eier einzeln mit dem Pürierstab untermixen und alles zu einem glatten Teig verrühren. Dann die Schokobutter zugeben und alles mit dem Pürierstab einige Minuten zu einer cremigen Masse aufschlagen.

Die Formmulden gut mit Butter einfetten und mit Kakaopulver ausstäuben. Die Mulden zu etwa zwei Dritteln mit der Schokomasse füllen und im Ofen (Mitte) 10–11 Minuten backen.

Tipp: Der flüssige Kern ist nur da, wann man den Lavacake frisch aus dem Ofen serviert. Einmal abgekühlt, ist das Innere zwar noch saftig, aber eben nicht mehr flüssig.

Kokos-Pannacotta
mit weißer Schokolade und Mangosalat

MIT ZUCKERERSATZ

Für 6 Personen

DU BRAUCHST

4 Blätter Gelatine

100 g weiße Erythritol-Schokolade

1 Vanilleschote

800 g Sahne

5 EL Kokoschips

3 EL Bio-Reissirup

1 Mango

1 EL fein geschnittene Zitronenmelisse

Pro Portion etwa
609 kcal, 9 g EW, 52 g F, 23 g KH

SO GEHT'S

Für die Pannacotta die Gelatine nach Packungsangabe in kaltem Wasser einweichen. Inzwischen die Schokolade klein hacken. Die Vanilleschote längs aufschlitzen und das Mark herausschaben.

Schote und Mark, Sahne, Schokolade, Kokoschips und 2 EL Reissirup in einem Topf aufkochen. Vom Herd nehmen und die Vanilleschoten entfernen. Die Gelatine gut ausdrücken, in die heiße Sahne geben und unter Rühren darin auflösen. Die Sahne in 6 Gläser füllen. Die Pannacotta etwa 3 Stunden in den Kühlschrank stellen, bis sie gestockt ist.

Für den Mangosalat kurz vor dem Servieren die Mango schälen, das Fruchtfleisch vom Stein lösen und in kleine Würfel schneiden. Mit 1 EL Reissirup beträufeln, die Zitronenmelisse zugeben und alles vorsichtig vermischen. Den Mangosalat auf die Pannacotta schichten und servieren.

DESSERTS UND EIS

Himbeer-Rhabarber-Blitzsorbet
mit Rosmarin

Für 6 Personen

DU BRAUCHST

200 g TK-Himbeeren

200 g TK-Rhabarber

400 g Naturjoghurt

½ TL frisch gehackter Rosmarin

1 EL Bio-Reissirup

Pro Portion etwa
81 kcal, 4 g EW, 3 g F, 8 g KH

SO GEHT'S

Tiefgekühlte Himbeeren und Rhabarber, Joghurt, Rosmarin und Reissirup in einen hohen Rührbecher geben. Alles mit dem Pürierstab oder im Mixer pürieren. Vorsicht, dabei nicht zu lange pürieren, sonst wird das Sorbet zu flüssig.

Aus dem Sorbet Kugeln formen, in Gläser setzen und sofort servieren.

Tipp: Dieses Sorbet klappt mit allen Früchten aus dem Frost. Wenn du es mit frischen Früchten zubereiten willst, musst Du sie am Vorabend schälen oder waschen, in Stücke schneiden und dann möglichst flach geschichtet tiefkühlen.

Vanilleeis

Für 8 Personen

DU BRAUCHST

2 Vanilleschoten

400 ml Milch

300 g Sahne

5 Eigelb

6 EL Erythrit-Puderzucker

Pro Portion etwa
178 kcal, 3 g EW, 12 g F, 14 g KH

SO GEHT'S

Die Vanilleschote längs aufschlitzen und das Mark herausschaben. Schoten und Mark, Milch und Sahne in einem Topf aufkochen. Dann vom Herd nehmen.

Eigelbe und den Zucker dickschaumig schlagen. Jetzt die Vanillemilch langsam und unter kräftigem Rühren dazugießen. Die Masse zurück in den Topf füllen und wieder erwärmen, bis sie etwas sämig wird. Vorsicht, die Masse nur auf maximal 80 °C erwärmen, sie darf auf keinen Fall kochen.

Die Eismasse in einen verschließbaren Behälter füllen und 4–5 Stunden ins Tiefkühlfach stellen. Sobald sich nach 1–2 Stunden leichte Eiskristalle am Rand des Behälters bilden, die Eismasse durchrühren. Diesen Vorgang dann alle 30 Minuten wiederholen.

Das Vanilleeis vor dem Servieren kurz antauen lassen und mit dem Pürierstab durchrühren.

Schokoeis

Für 6 Personen

DU BRAUCHST

200 g Erythritol-Schokolade

300 ml Milch

200 g Sahne

50 g Haselnusskerne

gehackte Double-Schokokekse und/oder Brownies (Seite 157 und 154, nach Belieben)

Pro Portion etwa
350 kcal, 6 g EW, 28 g F, 18 g KH

SO GEHT'S

Die Schokolade in kleine Stücke hacken. Die Milch in einem Topf erhitzen, dann 150 g Schokostückchen darin auflösen. Die Schokomilch gut abkühlen lassen.

Die Sahne steif schlagen und unter die abgekühlte Schokomilch heben. Die Eismasse in einen verschließbaren Behälter füllen und 4–5 Stunden ins Tiefkühlfach stellen. Dabei jede Stunde durchrühren, bis gewünschte Konsistenz erreicht ist.

Die Haselnüsse klein hacken. Das Eis aus dem Tiefkühlfach nehmen, leicht antauen lassen und mit dem Pürierstab durchrühren. Gehackte Nüsse, restliche Schokostückchen und nach Belieben Kekse und/oder Brownies unterrühren. Das Eis sofort servieren.

Tipp: Schokokeks- und Browniebrösel geben dem Eis zusätzlich Crunch und Geschmack.

Buttermilcheis
mit Grapefruit

Für 4 Personen

MIT ZUCKERERSATZ

DU BRAUCHST

120 g Sahne

1 Grapefruit

300 ml Buttermilch

1 EL Bio-Reissirup

Pro Portion etwa
140 kcal, 4 g EW, 10 g F, 9 g KH

SO GEHT'S

Die Sahne steif schlagen. Die Grapefruit dick schälen, dabei auch die weiße Innenhaut mit entfernen. Dann die Fruchtfilets zwischen den Trennhäutchen herausschneiden und pürieren.

Buttermilch und Reissirup in das Grapefruitpüree rühren und die Schlagsahne vorsichtig unterheben, bis eine cremige Masse entsteht.

Die Eismasse in einen verschließbaren Behälter füllen und 4–5 Stunden ins Tiefkühlfach stellen. Sobald sich nach 1–2 Stunden leichte Eiskristalle am Rand des Behälters bilden, die Eismasse durchrühren. Diesen Vorgang dann alle 30 Minuten wiederholen.

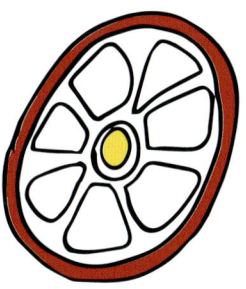

DESSERTS UND EIS

Getränke und Smoothies

Power, die Dich durch den Tag bringt – ganz ohne raffinierten Zucker.
Ideal als Snack zwischendurch, wenn Du Energie brauchst.
Die Ballaststoffe unterstützen Deine Verdauung und die Vitamine
stärken Deine Abwehrkräfte.

Zitronen-Basilikum-Eistee

Melonen-Melissen-Eistee

Holunder-Minz-Eistee mit Limette

Holunderblütensirup

Grüner Smoothie

Energiedrink

Beeren-Sellerie-Smoothie

Mango-Möhren-Smoothie

Aprikosen-Kürbis-Smoothie

Himbeer-Rote-Bete-Smoothie

Zitronen-Basilikum-Eistee

OHNE ZUCKERERSATZ

Für 1,5 l

DU BRAUCHST

14 TL grüner Tee

1,5 l Eiswürfel, plus mehr zum Servieren

2 Bio-Zitronen

1–2 Stangen Süßholzwurzel

4 Stängel Basilikum

Pro Glas etwa 3 kcal, <1 g EW, <1 g F, <1 g KH

SO GEHT'S

Die Teeblätter in eine breite Schüssel geben, die Schüssel mit Eiswürfeln auffüllen und diese schmelzen lassen.

Den Tee danach durch ein feines Sieb in eine Karaffe gießen. 1 Zitrone auspressen und den Saft zum Tee gießen. Die zweite Zitrone heiß abbrausen, abtrocknen und in Scheiben schneiden. Das Basilikum waschen. Zitronenscheiben, Basilikum und Süßholz vorsichtig in die Karaffe geben und den Eistee etwa 20 Minuten durchziehen lassen. Mit Eiswürfeln servieren.

Melonen-Melissen-Eistee

Für 1,5 l

OHNE ZUCKERERSATZ

DU BRAUCHST

12 TL schwarzer Tee

1–2 Stangen Süßholzwurzel

2–3 Handvoll Eiswürfel, plus mehr zum Servieren

60 g Wassermelonenfruchtfleisch

4 Stängel Zitronenmelisse

Pro Glas etwa 6 kcal, <1 g EW, <1 g F, 1 g KH

SO GEHT'S

Die Teeblätter in einer Kanne mit 1 l siedendem Wasser (70–80 °C) aufgießen. Das Süßholz zugeben und den Tee etwa 4 Minuten ziehen lassen.

Eine Karaffe mit Eiswürfeln füllen und den noch heißen Tee durch ein Sieb darübergießen. Die Melone mit dem Pürierstab pürieren, die Zitronenmelisse waschen. Melone und Melisse in die Karaffe geben und den Eistee etwa 20 Minuten durchziehen lassen. Mit Eiswürfeln servieren.

GETRÄNKE UND SMOOTHIES

Holunder-Minz-Eistee
mit Limette

MIT ZUCKER-ERSATZ

Für 1,5 l

DU BRAUCHST

13 Stängel Minze

1 Limette

2–3 Handvoll Eiswürfel, plus mehr zum Servieren

2–4 EL Holunderblütensirup (rechte Seite)

Pro Glas etwa 24 kcal, <1 g EW, <1 g F, 5 g KH

SO GEHT'S

Die Minze waschen und in eine Kanne geben. Mit 1 l heißem Wasser (etwa 60 °C) übergießen und etwa 15 Minuten ziehen lassen.

Die Limette waschen, in Scheiben schneiden und in eine Karaffe geben. Die Eiswürfel zugeben und mit dem warmen Tee übergießen. Mit dem Holunderblütensirup abschmecken und den Tee durchziehen lassen, bis er auf Zimmertemperatur abgekühlt ist. Mit Eiswürfeln servieren.

Holunderblütensirup

Für etwa 600 ml

DU BRAUCHST

15 Dolden Holunderblüten

1 Bio-Zitrone

10 Stängel Zitronenmelisse

500 ml Bio-Reissirup

Außerdem:
2 Weckgläser (à 2,5 l Inhalt)
Flasche mit Bügelverschluss

Pro Portion (20 ml) etwa
52 kcal, <1 g EW, <1 g F, 13 g KH

SO GEHT'S

Den Holunder vorsichtig von groben Ästchen befreien und in die Weckgläser füllen. Die Zitrone heiß abwaschen, abtrocknen und in Scheiben schneiden. Die Zitronenmelisse waschen, dann beides auf die Weckgläser verteilen.

Reissirup und 100 ml Wasser in einem Topf aufkochen und in die Gläser füllen. Die Gläser verschließen, abkühlen lassen und dann 2 Tage an einen dunklen Platz stellen.

Danach den Sirup durch ein feines Sieb in einen Topf gießen und einmal aufkochen lassen. Inzwischen die Flasche sorgfältig mit heißem Wasser ausspülen. Den kochenden Sirup einfüllen, verschließen und kopfüber abkühlen lassen.

Tipp: Heiß abgefüllt hält sich der Sirup bis zur nächsten Holunderblütenernte.

Grüner Smoothie

Für 2 Gläser

OHNE ZUCKERERSATZ

DU BRAUCHST

½ Handvoll Radieschenblätter

½ Handvoll Blattspinat

1 Handvoll Sauerampfer, Schafgarbe, Löwenzahn

1 reife Banane

1 Kiwi

½ süßer Apfel (z. B. Pink Lady)

1 Dattel (entsteint)

Saft von ½ Limette

Pro Glas etwa 131 kcal, 3 g EW, 21 g F, 25 g KH

SO GEHT'S

Radieschen- und Spinatblätter waschen, trocken schleudern und klein schneiden. Sauerampfer, Schafgarbe und Löwenzahn ebenfalls abbrausen und trocknen.

Banane und Kiwi schälen, in kleine Stücke schneiden und in einen Standmixer füllen. Den Apfel waschen und entkernen. Mit der Dattel in kleine Stücke schneiden und in den Mixer geben. Radieschen- und Spinatblätter, Sauerampfer, Schafgarbe und Löwenzahn zufügen. Limettensaft und 200 ml Wasser dazugießen und alles bis zur gewünschten Konsistenz mixen.

Energiedrink

Für 1,5 l

MIT ZUCKER-ERSATZ

DU BRAUCHST

10 TL grüner Tee (am besten Gyokuro)

1,5 l Eiswürfel, plus mehr zum Servieren

6 TL Mateblätter

3 Stängel Minze

7 g Ingwer

1–2 Stangen Süßholzwurzel

Saft von 3 Orangen

Bio-Reissirup

Pro Glas etwa 21 kcal, 5 g EW, <1 g F, 3 g KH

SO GEHT'S

Die Teeblätter in eine breite Schüssel geben, die Schüssel mit Eiswürfeln auffüllen und diese schmelzen lassen.

Inzwischen die Mateblätter in eine Kanne geben, mit 300 ml (etwa 70 °C) heißem Wasser aufgießen und 3–4 Minuten ziehen lassen. Den Tee dann durch ein Sieb in eine Karaffe gießen.

Die Minze waschen und mit Ingwer und Süßholz zum Matetee geben. Den Tee dann durchziehen lassen, bis er auf Zimmertemperatur abgekühlt ist. Ingwer und Süßholz entfernen und den Orangensaft dazugießen. Zuletzt den grünen Tee durch ein feines Sieb zum Matetee gießen, alles gut umrühren und mit Reissirup abschmecken.

Tipp: Hält sich im Kühlschrank 2–3 Tage. Gyokuro-Grüntee ist mild und besitzt einen besonders hohen Koffeingehalt.

Beeren-Sellerie-Smoothie

Für 2 Gläser

OHNE ZUCKERERSATZ

DU BRAUCHST

40 g Blaubeeren

40 g Himbeeren

40 g Erdbeeren

80 g Staudensellerie

20 g getrocknete Cranberrys (ungesüßt)

1 Dattel (entsteint)

200 g Naturjoghurt

Pro Glas etwa 153 kcal, 7 g EW, 4 g F, 19 g KH

SO GEHT'S

Die Beeren waschen, putzen und in einen Standmixer füllen. Den Sellerie waschen und mit Cranberrys und Dattel klein schneiden.

Die Stücke ebenfalls in den Mixer geben. Zuletzt den Joghurt zufügen und alles bis zur gewünschten Konsistenz mixen.

Tipp: Smoothies püriert man am besten in einem leistungsstarken Standmixer. So werden sie wunderbar cremig.

GETRÄNKE UND SMOOTHIES

Mango-Möhren-Smoothie

OHNE ZUCKER-ERSATZ

Für 2 Gläser

DU BRAUCHST

150 g Mango

70 g Papaya

150 g Möhren

Saft von ½ Orange

200 g Buttermilch

Mark von ½ Vanilleschote

10 g Kokoschips

Pro Glas etwa
170 kcal, 6 g EW, 4 g F, 24 g KH

SO GEHT'S

Mango und Papaya schälen, das Fruchtfleisch klein schneiden und in einen Standmixer füllen. Die Möhren gründlich waschen, ebenfalls klein schneiden und in den Mixer geben.

Orangensaft, Buttermilch, Vanillemark und Kokoschips zugeben und alles bis zur gewünschten Konsistenz mixen.

Aprikosen-Kürbis-Smoothie

OHNE ZUCKERERSATZ

Für 4 Gläser

DU BRAUCHST

250 g Aprikosen

100 g Pfirsich

1 reife Banane

150 g Kürbis

Saft von 1 Orange

1 TL Kürbiskernöl

2 EL Kürbiskerne

1 Spritzer Tabasco

1 Prise gemahlener Safran

150 g Naturjoghurt

Pro Glas etwa
164 kcal, 6 g EW, 7 g F, 18 g KH

SO GEHT'S

Aprikosen und Pfirsich waschen, halbieren und entsteinen. Die Früchte klein schneiden und in einen Standmixer füllen. Banane und Kürbis schälen, in kleine Stücke schneiden und ebenfalls in den Mixer geben.

Orangensaft, Kürbiskernöl, Kürbiskerne, Tabasco, Safran und Joghurt zufügen und alles bis zur gewünschten Konsistenz mixen.

Himbeer-Rote-Bete-Smoothie

Für 4 Gläser

OHNE ZUCKERERSATZ

DU BRAUCHST

1 reife Banane

100 g süßer Apfel

100 g Rote Bete (gekocht und geschält)

250 g Himbeeren

100 g Johannisbeeren

Saft von ½ Limette

1 Prise rosa Pfeffer

Pro Glas etwa 94 kcal, 2 g EW, <1g F, 17 g KH

SO GEHT'S

Die Banane schälen, den Apfel waschen und entkernen. Banane, Apfel und Rote Bete klein schneiden und in einen Standmixer füllen.

Himbeeren und Johannisbeeren bei Bedarf waschen und ebenfalls in den Mixer geben. Limettensaft, 400 ml Wasser und rosa Pfeffer zufügen und alles bis zur gewünschten Konsistenz mixen.

auf einen Blick
Checklisten

FIESE Zuckerfallen

VERSTECKTER ZUCKER:

Zucker versteckt sich in der Zutatenliste unter anderem Namen (siehe Zutatenliste auf Seite 192).

FALSCHE BOTSCHAFT:

„Weniger süß" heißt nicht unbedingt weniger Zucker: Haushaltszucker wird oft durch weniger süßen Zucker wie Maltodextrin ersetzt. Das Lebensmittel ist dann zwar weniger süß, enthält aber genauso viel Zucker.

VON WEGEN „OHNE ZUCKER":

„Nur mit natürlicher Süße", „Ohne Zuckerzusatz" „100% Frucht" – so wird der Eindruck erweckt, dass Saft gar keinen Zucker enthält. Dicksäfte und Fruchtkonzentrate sind auch Zucker. „Ungesüßtes" Cappuccinopulver enthält Süßmolkepulver.

LIGHT-PRODUKTE:

„Fettarme" und „fettfreie" Produkte enthalten zusätzlichen Zucker, damit die Lebensmittel schmecken.

„HERZHAFTER" ZUCKER:

Herzhafte Lebensmittel, die nicht süß schmecken, enthalten oft Zucker: Er steckt in verarbeiteter Wurst, Ketchup, Rotkohl im Glas, Fleischsalat, Krautsalat oder Tütensuppen.

ZUCKER STEHT NICHT IMMER ALS SOLCHER IN DER *Zutatenliste.*

ER VERBIRGT SICH HINTER VIELEN BEGRIFFEN.

ALS GROBE FAUSTREGEL GILT: Alles, was den Namen „-ose" oder „Sirup" trägt, ist ein Zucker in Lebensmitteln.

Dextrose	Laktose
Dextrin oder Weizendextrin	Maltose
Fruktose	Malzextrakt
Fruktose-Sirup	Maltodextrin
Fruktose	Mais-Sirup
Glukose-Sirup	Molkenerzeugnis
Glukose	Raffinose
Glukose-Sirup	Stärke-Sirup
Glukose-Fruktose-Sirup	Saccharose
Gerstenmalz/Gerstenmalzextrakt	Süßmolkenpulver
Isomalt	Traubensüße
Isoglukose	Fruchtsüße
Invertzucker	Apfelfruchtsüße
Karamell-Sirup	

Immer bedenken: Hersteller sind nicht verpflichtet, die verwendete Menge der einzelnen Zuckerarten anzugeben. Manchmal werden auch verschiedene Zuckerarten auf die Zutatenliste verteilt, dann lässt sich die Zuckermenge nur schwer einschätzen.

Je weiter vorne Zuckerbegriffe im Zutatenverzeichnis stehen, DESTO HÖHER IST DER *Zuckergehalt!*

Zucker steckt unter anderem in ...

- Fertigprodukten
- Brot
- Fertigdressings
- Balsamico
- Fertigsoßen
- Soßenbindern
- Tomatenketchup
- Fertigtomatensuppe
- Pizza
- Wurst
- Gewürzgurken
- Rotkohl im Glas
- Rote Bete im Glas
- Krautsalat
- Heringssalat
- Joghurt mit Geschmack
- Cappuccino ohne Zuckerzusatz
- Müsli
- Müsliriegeln
- Mineralwasser mit Apfelgeschmack

SO KANNST DU ES *schaffen*

- Hab Dein klar definiertes Ziel vor Augen.
- Stell Dir genau vor, wie Du Dich fühlen wirst, wenn Du es geschafft hast.
- Nimm Dir jeden Tag aufs Neue vor: „Heute entscheide ich mich, keinen Zucker zu essen." Und hake jeden Tag, an dem Du es geschafft hast, auf dem Kalender ab. Mach Deinen Erfolg sichtbar! So verringerst Du die Chance, rückfällig zu werden.
- Mute Dir nicht zu viel zu – zu Beginn kannst Du noch Zuckeralternativen nehmen.
- Entferne alles aus dem Vorratsschrank, was Zucker oder künstlich hergestellte Fruktose enthält und industriell verarbeitet wurde.
- Lies die Etiketten genau durch.
- Iss viele Ballaststoffe und Proteine.
- Vermeide Zwischenmahlzeiten.
- Verwende keine Süßstoffe.
- Plane im Voraus.
- Koche selbst.
- Iss mehr Gemüse und eiweißhaltige Lebensmittel als Kohlenhydrate.
- Iss regelmäßig.
- Kaufe ein, wenn Du gesättigt bist.
- Hab immer „Notfallnüsse" dabei (z.B. Walnüsse, Cashews, Mandeln, Pistazien).
- Halte für den Notfall eine Vanilleschote im Glasröhrchen in Deiner Tasche bereit – riech bei einer Heißhungerattacke daran.
- Vermeide Stress.
- Schlafe ausreichend.
- Treibe Sport.
- Trinke viel.
- Ersetze alte Gewohnheiten bewusst durch neue.
- Suche Affirmationen, die Dir Power geben, und hänge sie gut sichtbar auf.

MÖGLICHE ENTZUGSERSCHEINUNGEN

- Heißhungerattacken
- Kopfschmerzen
- Zittern
- Kraftlosigkeit
- Gereiztheit
- Müdigkeit
- Konzentrationsprobleme
- ständig ans Essen denken

VERWENDE DIESE Gewürze, UND DEIN VERLANGEN NACH SÜSSEM LÄSST NACH:

- Nelke
- Zimt
- Vanille
- Chili
- Süßholzwurzel
- Kardamom
- Muskat
- Koriander
- Tonka-Bohnen
- Rohkakao

MIT DIESEN LEBENSMITTELN BEUGST DU Heißhungerattacken VOR:

- Fisch
- Fleisch
- Geflügel
- Linsen
- Käse
- Eier
- Tofu
- Nüsse
- Getreideflocken
- Sojaflocken
- Kichererbsen
- vollwertiges Getreide
- genügend Schlaf
- viel trinken (1,5–2 Liter täglich)

HUNGER?
Unser Gehirn verwechselt manchmal Hunger und Durst. **Trink ein Glas Wasser und warte eine Viertelstunde,** um herauszufinden, ob du wirklich hungrig bist.

WENN DIE *Heißhungerattacke* DA IST:

- Nimm Dir vor, das 15 Minuten auszuhalten.
- Riech an einer Vanilleschote oder an Vanilleöl.
- Trinke Wasser oder ungesüßten Tee (Hunger wird oft mit Durst verwechselt).
- Trinke Mandelmilch mit rohem Kakao und Zimtpulver.
- Setze ihr ein „bitteres Ende" mit diesen Wundermitteln: Espresso, Walnüsse, Mandeln, Grapefruit.
- Iss smarte Snacks: Eine kleine Portion Eiweiß mit Fett, beispielsweise ein paar Nusskerne, 1 TL Mandelmus, ein Stück Avocado, etwas Käse, ein gekochtes Ei, Rohschokolade oder ein ungesüßtes Milchprodukt, Sojajoghurt ungesüßt, ein Glas Nussmilch.
- Ungewöhnlich, aber sehr hilfreich: Zähne putzen.
- Lenk Dich ab (Freundin anrufen, Buch lesen, spazieren gehen).
- Nach 15 Minuten dürfte die Heißhungerattacke vorüber sein.

So liest Du die Angaben

DER LEBENSMITTELHERSTELLER, ZUTATENLISTEN UND NÄHRWERTTABELLEN:

ZUCKERARM

Höchstens 5 g Zucker pro 100 g feste Lebensmittel.

Höchstens 2,5 g Zucker pro 100 ml flüssige Lebensmittel.

ZUCKERFREI

Höchstens 0,5 g Zucker pro 100 g bzw. 100 ml Lebensmittel.

OHNE ZUCKERZUSATZ

Keine zugesetzten Mono- und Disaccharide (Einfach- und Doppelzucker).

Enthält das wegen seiner süßenden Wirkung verwendete Lebensmittel von Natur aus Zucker, sollte das Etikett den Hinweis haben: „Enthält von Natur aus Zucker."

ACHTUNG!

Wenn in der Zutatenliste kein Zucker aufgeführt ist, in der Nährwerttabelle aber trotzdem Zucker angegeben wird (Kohlenhydrate, davon: Zucker), so ist im Nahrungsmittel natürlicherweise Zucker enthalten (z.B. Milchzucker in Joghurt oder Stärke in Nudeln).

SÜSSE GETRÄNKE *nicht durch kalorienreduzierte oder „Light"-Getränke ersetzen.* DAS BEFREIT NICHT VON DER ZUCKERABHÄNGIGKEIT.

UNBEDINGT *meiden!*

- Alles, was zugesetzten Zucker enthält
- Alles, was künstlich hergestellte Fruktose (High Fructose Corn Syrup = Maissirup) enthält – das ist ein absoluter Dickmacher und schädigt auf Dauer die Leber.
- Alles, was künstliche Süßstoffe enthält. Wer regelmäßig Light-Getränke trinkt, wird dicker.
- Alles, was industriell stark verarbeitet wurde
- „Zuckeralternativen" wie Agavendicksaft, Ahornsirup oder Honig enthalten viel Fruktose und Glukose – und sind somit auch Zucker.
- Weißmehlprodukte und Lebensmittel mit hohem Stärkeanteil
- Light-Produkte
- Fruchtsäfte – ohne Nährstoffe und Ballaststoffe aus der ganzen Frucht bleibt hier nur Zucker übrig.
- Trockenobst (nur in Ausnahmefällen einsetzen, z.B. zum Süßen von Kuchen)
- Hybrid-Obst. Kernlos gezüchtete Früchte wie Weintrauben oder Mandarinen haben einen viel höheren Fruktosegehalt.

Obst mit hohem Zuckergehalt meiden (z.B. Bananen, Weintrauben), **STATTDESSEN FRISCHE ODER TIEFGEFRORENE BEEREN ESSEN.**

DICKMACHER FRUCHTNEKTAR

Ein Glas Obstsaft enthält genauso viel Zucker wie ein Glas Cola, nämlich 21 Gramm. Ein Apfel hat wesentlich weniger Fruktose als ein Glas Apfelsaft und macht zudem satt. Frische Früchte enthalten Vitamine, Ballaststoffe und sekundäre Pflanzenstoffe, die im Saft nur in geringer Menge vorhanden sind.

DAS IST *erlaubt:*

KARTOFFELN
(am besten gekocht, erkaltet und wieder aufgewärmt)

VOLLWERTIGE BROTE UND BRÖTCHEN
ohne Zuckerzusatz aus Dinkel, Roggen und Hafer

FLOCKEN AUS HAFER

PSEUDOGETREIDE
wie Quinoa, Amaranth, Hirse und Buchweizen

EIWEISSHALTIGE TIERISCHE LEBENSMITTEL
wie Eier, Fleisch, Fisch, Geflügel, Käse, Naturjoghurt, Buttermilch, Kefir, Quark und Frischkäse

HÜLSENFRÜCHTE
wie Linsen, Kichererbsen, Soja, Lupinen, Bohnen, Erbsen

FETTE UND ÖLE

NÜSSE, KERNE, SAMEN

KOKOSNUSSPRODUKTE UND NUSSMUS

JEDES GEMÜSE

FRUKTOSEARMES OBST
z.B. Beeren, Zitrusfrüchte, Honigmelone, Papaya, Sauerkirschen.
Nicht mehr als 2 Portionen am Tag.

OBST, GEMÜSE UND MILCHPRODUKTE
enthalten nicht nur natürlicherweise kleine Mengen Zucker, sondern auch Ballaststoffe, Nährstoffe und zahlreiche vorteilhafte Bestandteile.
**SIE MÜSSEN NICHT GEMIEDEN WERDEN.
VERMEIDEN SOLLTEST DU ZUGESETZTEN ZUCKER.**

ZUCKERFREI DURCH
Meetings & Dienstreisen

Auf Zucker im gewohnten heimischen Umfeld zu verzichten, gibt ein Gefühl von Sicherheit und Beständigkeit. Was aber tun, wenn der Job Dich auf eine Dienstreise schickt oder das nächste Geschäftsessen ansteht?

Hier sind praktische Tipps für unterwegs:

FRÜHSTÜCK IM HOTEL: Drei Eier als Rührei oder Omelett, dazu Gemüse und eventuell Knäckebrot – das beugt Heißhungerattacken vor.

MEETINGS: Plane voraus – in den Kaffeepausen der Meetings gibt es oft zuckerhaltige Snacks. Also nimm Dir Nüsse, geschnittenes Gemüse oder Obst mit!

ESSEN IM RESTAURANT:

- Lass Dir die Soße getrennt vom Gericht extra servieren.
- Frage nach einfachem Essig und Öl und verzichte auf das Standarddressing.
- Beilagen füllen auch den Teller! ;)
- Am Dessertbüfett gehst Du lächelnd vorbei und nimmst Dir stattdessen Käse oder einen Apfel.

Denk immer daran: **ES IST OKAY, ETWAS DANKEND ABZULEHNEN.** *Hier geht es um Dich und Deine Gesundheit. Wenn Menschen in Deinem Umfeld das belächeln, dann lächle einfach zurück.*

KÜNSTLICHE SÜSSSTOFFE

wie Aspartam oder Saccharin **SIND KEINE GESUNDE ALTERNATIVE** zu Zucker. Nach dem Verzehr von Light-Getränken steigt meist das Hungergefühl und der Stoffwechsel gerät durcheinander. Mehrere Studien belegen, dass Lebensmittel wie Light-Getränke, die künstliche Süßstoffe enthalten, langfristig zu einer deutlichen Gewichtszunahme führen.

WERDE *Challenge-Pro* UND SAGE „NO":

LEBENSMITTEL MIT ZUCKER ZU HAUSE HABEN

Sind Süßigkeiten in Reichweite, ist die Gefahr zu groß, bei einer Heißhungerattacke doch schwach zu werden.

ZUCKER ERSETZEN

Dadurch gewöhnst Du Dir das Verlangen nach Süßem nicht ab.

„ZUCKERFREIE" PRODUKTE KAUFEN

„Zuckerfreie" Lebensmittel dürfen bis zu 0,5 g Zucker pro 100 g Lebensmittel enthalten.

AUFGEBEN NACH EINEM RÜCKFALL

Nicht denken, „jetzt ist es eh egal", sondern einen Strich darunter ziehen und weitermachen, als wäre nichts gewesen. Je öfter Du das schaffst, desto stärker werden Deine gesunden Gewohnheiten und desto seltener wirst du rückfällig werden.

DIE *'Es geht los'*- CHECKLISTE

- Zuckerhaltige Lebensmittel entfernt
- Vorratsschrank mit den wichtigen geeigneten Lebensmitteln aufgestockt
- Mind-Set-up-Übungen gemacht, Visionboard aufgehängt
- Sparringpartner besorgt bzw. der geschlossenen Facebook-Gruppe beigetreten

Wenn die Gedanken durchdrehen:
Affirmationen*,
DIE DIR RUHE SCHENKEN UND KRAFT GEBEN:

„Der Punkt der Kraft liegt immer in der Gegenwart.
Die Vergangenheit hat keine Macht mehr über mich. Jetzt in diesem Moment
kann ich frei sein. Was ich heute denke, bestimmt meine Zukunft.
Ich hole mir jetzt meine Macht zurück. Ich bin sicher, geborgen und frei."

„Ich mache aus jeder Erfahrung eine Chance.
Für jedes Problem gibt es eine Lösung. Alle Erfahrungen sind Gelegenheiten,
zu lernen und zu wachsen. Ich bin geborgen."

„Ich vertraue in mich.
Wenn ich mich von den Meinungen und Überzeugungen anderer freimache,
entdecke ich mein eigenes großartiges Selbst.
Ich finde Weisheit und Schönheit in mir."

„Ich lasse alle Erwartungen los.
Voller Liebe vertraue ich mich dem Strom des Lebens an.
Ich weiß, dass mich stets nur Gutes erwartet,
wohin ich auch gehe."

„Ich bin jeder Situation gewachsen.
Die Macht und Weisheit des Universums sind in mir.
Damit kann ich alle Herausforderungen annehmen
und bewältigen."

* Diese Affirmationen sind entnommen aus:
Louise Hay: Körper und Seele. 64 Karten zur täglichen Arbeit mit Louise L. Hay
© 2006 Allegria Verlag in der Ullstein Buchverlage GmbH

Rezeptverzeichnis

A

Apfel-Birnen-Kuchen 146
Apfel-Mandel-Muffins 144
Apfel-Zimt-Oats 93
Aprikosen-Kürbis-Smoothie 186

B

Bananenkuchen 142
Bananen-Schoko-Muffins 153
Basis-Tomatensoße 123
Beeren-Nuss-Crunchy 89
Beeren-Sellerie-Smoothie 183
Blaubeer-Bananen-Oats 90
Blaubeer-Cashew-Raw-Cake 140
Blaubeer-Madeleines 159
Brownies 154
Buttermilcheis mit Grapefruit 173
Buttermilch-Pancakes 84

D

Dattel-Feigen-Kuchen mit Nüssen 143
Double-Schokokekse 157
Dressing Sylter Art 120

E

Emmer-Dinkel-Brot mit Möhren 104
Energiedrink 182
Erdbeer-Vanille-Fruchtmus 110
Erdnussbutter 116
Espresso-Kirsch-Oats 95

G

Gemüse-Chips 128
Grüner Smoothie 180

H

Haselnusscreme 114
Hausgemachter Tomatenketchup 124
Himbeer-Chai-Fruchtaufstrich 108
Himbeerkekse mit weißer Schokolade 156
Himbeer-Matcha-Oats 94
Himbeer-Rhabarber-Blitzsorbet mit Rosmarin 168
Himbeer-Rote-Bete-Smoothie 187
Holunderblütensirup 179
Holunder-Minz-Eistee mit Limette 178

I

Ingwer-Hafer-Kekse 156

K

Käsekuchen 148
Kokos-Nuss-Crunchy 88
Kokos-Pannacotta mit weißer Schokolade und Mangosalat 166

L

Lavacake 164

M

Mango-Möhren-Smoothie   184
Mango-Orangen-Fruchtaufstrich   109
Mango-Zitronengras-Porridge   96
Melonen-Melissen-Eistee   177
Mohn-Sesam-Kekse   158
Möhrenkuchen   150
Mousse au Chocolat mal anders   162
Müsliriegel   136

N

Nussbrot   105

O

Obst-Chips   132

P

Parmesan-Chips   130
Popcorn   134

Q

Quitten-Kumquat-Fruchtmus   112

R

Rote-Bete-Dressing   121
Rucola-Dressing   120

S

Schnelles Asia-Dressing   122
Schoko-Blaubeer-Oats   99
Schokocreme   113
Schokoeis   172
Schokokuchen   152
Schoko-Nuss-Crunchy   87
Sellerierösti   133

T

Tomaten-Rosmarin-Brot   106

V

Vanilleeis   170
Vollkornbrot   102

Z

Zitronen-Basilikum-Eistee   176
Zwetschgen-Orangen-Oats   98

Danksagung

Ein Projekt wie dieses realisiert sich nicht ohne all die wunderbaren Menschen, Impulsgeber und Weggefährten.

So danken wir besonders Catherine, deren Aufruf wir zur ersten Challenge gefolgt sind, und Sonja, die den Impuls gab, die Challenge und Facebook-Gruppe „Zucker is(s) nicht!" auch auf Deutsch zu starten. Und danke an Nicole für die Unterstützung!

Wir sind dankbar für jedes Mitglied in dieser Gruppe! Für all den Mut, Willen und gegenseitige Unterstützung, die hier gelebt wird. Mit Euch macht die Challenge richtig viel Spaß. Ihr seid wunderbar!

Danke an Florian Ballschuh für viele Stunden Rezeptentwicklung, Zubereitung und Foodstyling und danke an Sergej Preis für die tollen Foodfotos.

Jani – ohne Deine Unterstützung hätten wir es nicht geschafft. Danke!

Danke Alexander Hartmann für Deine wertvollen Tipps!

Danke an Brigitte Bäuerlein und Max Timm, die sich neben ihrem stressigen Job noch viel Zeit für unsere Zucker-Fragen genommen haben.

Wir sind Johanna Wack und Hildegard Brendel so dankbar für die vielen, vielen Stunden, die sie damit verbracht haben, unsere Ideen so schön umzusetzen. Danke auch für die Geduld mit uns, wenn wir doch noch Änderungen fürs Buch einschieben wollten.

Danke an Daniela Reineke und Silke Heilmann für ihre unermüdliche Unterstützung und das liebevolle Kümmern.

Tom Lanzrath – Shootings mit Dir sind immer wieder ein Fest!

Last but not least möchten wir jedem Leser dieses Buch danken! Es bedeutet uns so viel, dass Du Dir mit unserer Unterstützung die Zeit für Dich und Deine Gesundheit nimmst!

Das ist nicht nur eine ‚Zuckerfrei-Challenge'. Das ist auch ein Weg zu mehr Selbstliebe in Deinem Leben!

Über die Autorinnen

Andrea Ballschuh

ist Moderatorin mit Leib und Seele. Auf der Bühne, im Fernsehen beim ZDF, hr-Fernsehen und mdr und im Radio bei SWR1 Rheinland-Pfalz. Sie ist Mutter einer Tochter. Um wieder Energie aufzutanken, geht sie nicht ins Fitnessstudio oder meditieren, sondern gärtnert. Hier findet die Journalistin Ausgleich, Ruhe und Gelassenheit, denn Gärtnern ist ihr Yoga.

Fabienne Bill

lebt ihre Berufung als Facilitator, Mental- & Team Coach. 14 Jahre Vertriebs- und Strategieentwicklung in einem internationalen Umfeld und diverse Coaching-Aus- und Weiterbildungen sind die Basis für ihr gutes Gespür dafür, was Menschen in- und außerhalb von Organisationen vor besondere Herausforderungen stellt. Die Wahl-Mainzerin ist Mutter einer Tochter, liebt Kochen, Yoga und Tennis.

256 Seiten, gebunden
mit vielen farbigen Abbildungen
24,99 €
ISBN: 978-3-86470-173-3

Gärtnern ist mein Yoga, Gummistiefel meine Pumps

Wann wird der Rasen vertikutiert? Welche Pflege brauchen Rosen? Wie kann Gemüse im kleinen Garten oder auf dem Balkon angebaut werden? Wie kommen die Pflanzen gut über den Winter? Fernsehmoderatorin Andrea Ballschuh, die beim Gärtnern so entspannt wie andere beim Yoga, klärt mit TV-Gartenexperte Elmar Mai die Fragen, die einen Hobbygärtner Monat für Monat vor neue Herausforderungen stellen. Ein informatives, kompaktes und unterhaltsames Gartenhandbuch für das ganze Jahr.

BOOKS4SUCCESS